# 我与政协同行

政协哈尔滨市委员会◎编

中国文史出版社

**图书在版编目（CIP）数据**

我与政协同行 / 政协哈尔滨市委员会编 . -- 北京：
中国文史出版社，2025. 1. -- ISBN 978-7-5205-5046-8

Ⅰ . D628.351

中国国家版本馆 CIP 数据核字第 2024XW2336 号

---

**责任编辑：** 张春霞

**出版发行：** 中国文史出版社

**社　　址：** 北京市海淀区西八里庄路 69 号院　邮编：100142

**电　　话：** 010-81136606　81136602　81136603（发行部）

**传　　真：** 010-81136655

**印　　装：** 廊坊市海涛印刷有限公司

**经　　销：** 全国新华书店

**开　　本：** 787mm×1092mm　1/16

**印　　张：** 19

**字　　数：** 219 千字

**版　　次：** 2025 年 3 月北京第 1 版

**印　　次：** 2025 年 3 月第 1 次印刷

**定　　价：** 78.00 元

# 编 委 会

# 序

2024 年是新中国成立 75 周年，也是人民政协成立 75 周年。75年来，人民政协与时代同步伐、与祖国共奋进，积极投身建立新中国、建设新中国、探索改革路、实现中国梦的伟大实践，走过了光辉灿烂的历程。75 年来的实践充分证明，人民政协是中国共产党把马克思列宁主义统一战线理论、政党理论、民主政治理论同中国具体实际相结合、同中华优秀传统文化相结合的伟大成果，是中国共产党领导各民主党派、无党派人士、人民团体和各族各界人士在政治制度上进行的伟大创造，不仅符合当代中国实际，而且符合中华民族一贯倡导的天下为公、兼容并蓄、求同存异等优秀传统文化，具有鲜明中国特色和显著政治优势，是科学、有效、管用的制度安排，是对人类政治文明的重大贡献。

岁月为证，奋斗不止。哈尔滨作为全国最先解放的大城市，拉开了筹备新政协会议协商建立新中国的序幕，深深镌刻着人民政协历史启航的红色印记。在中国共产党的坚强领导下，历届市政协坚持团结和民主两大主题，坚持人民政协性质定位，坚持在党和国家工作大局中谋划推进工作，充分发挥作为社会主义协商民主的重要渠道和专门协商机构作用，在继承中发展，在发展中创新，认真履行职能，聚焦发展大事和民生实事，努力做到服务发展求实效、建言资政见品质、凝聚共识促团结、自身建设上水平，在各个历史时期都做了大量卓有成效的工作，为全市各项事业发展作出了重要贡献。这些成绩的取得凝结着广大政协委员的智慧、心血和汗水，是广大政协委员践行初心使命、共同努力的结果。

山水万程，步履不停。作为政协工作的主体，人民政协作用发挥在委员、活力展现看委员、事业发展靠委员。为庆祝中华人民共和国成立 75 周年和人民政协成立 75 周年，市政协文化文史和学习委员会组织开展了《我与政协同行》文史资料征集工作，邀请市政协委员中的代表人士回忆他们"亲历、亲见、亲闻"的政协故事，目的是展现政协委员不懈奋斗的风采，增进思想共识，凝聚奋进力量，为推动人民政协在新时代更好服务党和国家事业发挥应有作用。此项工作得到了各民主党派、无党派人士和市政协委员的大力支持、踊跃参与，经过精心筛选和整理编辑，全书共收录《政协之声——我与社会脉动的共鸣》《履职尽责　书写华章》《绿意盈心　政协路上的生态足迹》等文章 49 篇，配图中也不乏很多有价值的老照片，作者们来自不同界别，专业背景不一，履职经历各异，所写的文章感情真挚、文字质朴，或是诉说作者与政协的结缘，或是记录孜孜履职路，或是描述委员对传统技艺的传承与坚守，抑或是抒发建言被采纳的欣喜……他们的故事，既是个人经历，也是人民政协发展历史的记忆，共同组成了这本内容丰富、可读性强，既有文史资料价值又有文采的好书。

所有未来，皆是可期。习近平总书记强调，人民政协已经并将不断展现出旺盛生命力。我们相信，本书作为宝贵的精神财富，一定能够发挥启迪、引领和鞭策的作用和价值，激励广大政协委员始终心怀"国之大者"，坚持发扬优良传统，牢记政治责任，认真践行"懂政协、会协商、善议政，守纪律、讲规矩、重品行"的要求，充分发挥在本职工作中的带头作用、政协工作中的主体作用、界别群众中的代表作用，不断增强履职本领，当好人民政协制度的参与者、实践者、推动者，不断开创人民政协事业发展新局面，共同谱写中国式现代化的壮美华章，在推进强国建设、民族复兴伟业的历史大潮中彰显荣光。

哈尔滨市政协主席

# 目 录

政协之声　周庆欣 / 001

履职尽责　书写华章　祝洪章 / 007

大道之行　只要有光　安海茵 / 011

书香政协伴我奋进　文化繁荣重任在肩　白双修 / 015

漆艺之花在新中国成立 75 周年绽放　白艳萍 / 021

讲好政协故事　姜 岩 / 028

我的政协成长记　冷 艳 / 037

从乡村走来的政协委员　李 波 / 043

积极履职尽责　推动科技创新与产业化融合发展　付 强 / 051

我与政协同行的 12 年　刘健伟 / 057

绿意盈心　政协路上的生态足迹　李　晔 / 065

政协是一个温暖的大家庭　我们在这里幸福成长　牛金忠 / 072

探索四级界别委员履职为民联动机制　田　晶 / 077

我的委员工作站　王　刚 / 084

"政协委员"是助我成长的摇篮　王　婧 / 088

用心用情写好"委员答卷"　王　瑞 / 093

探寻一片艾叶的传奇密码　翁长江 / 100

在政协履职工作的路上　徐福志 / 108

我的思考与行动　姚　祎 / 112

我的政协故事　于新龙 / 117

职责所在　锲而不舍　张晓宇 / 122

参政议政　建言献策　樊艳红 / 129

履职路上的感悟与思考　刘　岩 / 134

人民政协伴我成长　吕桂香 / 139

跨越南北　铸就徽商传奇　桂新明 / 145

政协工作中的温情与力量　矫金田 / 151

我在政协的那些事儿　高　旺 / 157

在政协的日子　刘晓露 / 161

百年中医情　两代政协缘　齐常然 / 167

步履不停　与政协同行　孙庆涛 / 175

写好迎接亚冬会的时代答卷　陈 柯 / 181

在南岗区政协的成长与蜕变之旅　张多英 / 186

肩负使命　砥砺前行　蒋 军 / 191

重走长征路和政协委员培训班　王丽茹 / 197

我和我们的政协　张 森 / 201

携手共进为政协事业贡献力量　姜海亮 / 207

我在政协这些年　潘 洋 / 212

政协与我的这些年　张明亮 / 217

在政协履职中传递爱与责任　孙玉凤 / 222

政协委员履职记　谢莉莉 / 227

历尽沧桑初心不变　扶贫济困担当勇为　徐 忠 / 232

我的政协情缘　张相和 / 238

以感情为导向走入百姓心中　喻绍宏 / 245

我与政协的故事　赵 仕 / 251

25 载委员路　刘延功 / 254

政协为我提供了施展才华的舞台　廖怀志 / 263

爱心相拥铸辉煌　任中国 / 271

星辰赶路　时光不负　王 杉 / 278

激情岁月　筑梦辉煌　张 威 / 284

# 政协之声

## ——我与社会脉动的共鸣

周庆欣 [1]

我的童年时光是在黑龙江省海林市山市镇下面的种奶牛场中度过的，当时家里种着四垧（东北地区多数地方 1 垧＝15 亩）地。我家也像许多普通家庭一样，怀揣着一个简单而坚定的愿望，就是通过教育的力量，为孩子铺设一条通往更广阔天地的道路。2006 年，我硕士研究生毕业，幸运地成为哈尔滨商业大学的一员，担任起高校教师的职责。从那时起，我便在哈尔滨这座充满活力的城市中扎根，开启了我的新生活。

随着国家乡村振兴战略宏伟蓝图的展开，我的故乡海林市山市镇迎来了一群怀揣着梦想与热忱的青年人。他们作为新时代的"新农人"，以创新的理念和实践，引领着种植与养殖产业的蓬勃发展，开辟了一条条充满希望的"致富之路"。每当我目睹家乡的巨变，心中便涌动着无尽的感动与自豪。然而，随之而来的，还有一丝自责与反

---

① 哈尔滨市政协常委，哈尔滨商业大学基础科学学院副院长

周庆欣

思：未能在家乡最需要的时刻贡献自己的力量。如今，我能做的就是将这份自责转化为行动，通过不懈的努力，让我的第二故乡——我深爱的哈尔滨，变得更加繁荣美丽。

2007年6月，我加入了中国民主同盟，成为这个充满活力的组织中的一员。在这个大家庭中，我有幸与各级政协委员深入交流，他们不仅是我学习的榜样，更让我对政协工作有了更为全面的认识。我深受鼓舞，决心以前辈们为标杆，不断提升自我，向两会中的杰出代表和委员看齐。2020年10月，我被赋予了新的使命——担任哈尔滨商业大学基础科学学院副院长。在这个新的岗位上，我积极发挥高校优势，全身心投入到各项活动中。在各级领导、部门和同事的关心与支持下，我不断成长，不断进步。

2022 年 4 月，我迎来了职业生涯的又一里程碑——担任政协哈尔滨市第十四届委员会常委和教科卫体委员会的委员。这份荣誉不仅是对我的肯定，更是对我的鞭策。我深知，作为政协委员，我将肩负起更大的责任和使命。

下面我将为大家讲述我作为新一届政协委员，初入政协大家庭经历的且令我难忘的三件事情。

## 欣喜——第一件提案被采纳且刊登

2021 年岁末，随着哈尔滨两会的临近，我全身心投入到提案的撰写中，期望通过自己的积极建言献策，为冰城的高质量发展贡献力量。在提案初稿完成之际，我虚心求教于时任校统战部部长李滨芬，她以更高的视角从我的提案中提炼出了"六个引领"这一核心理念，为我的提案注入了灵魂。

提案《借力冬奥契机，强化"六个引领"，推进构建大冰雪产业体系》被《哈尔滨日报》刊登

2022 年 4 月，在政协哈尔滨市第十四届委员会第一次会议上，我郑重提出了《借力冬奥契机，强化"六个引领"，推进构建大冰雪产业体系》和《多点支撑、多级融合、大力发展哈市冰雪全域游》两件提案。这两件提案均被立案，特别是第一件提案，更是被《哈尔滨日报》以大版面的形式刊登，这无疑是对我工作的巨大肯定。

我始终铭记提案第一次被立案时的喜悦与激动，这份成就感进一步激发了我参政议政的热情。从此，无论是面对身边的所见所闻，还是思考社会现象，我都会从多个角度、多个层面进行深入分析和思考，努力以提案或社情民意的形式，真实反映人民群众的心声和诉求。

### 鼓舞——大会发言稿得到孙珅主席批示

2022 年 4 月，哈尔滨市政协教科卫体委员会启动了筹备冰雪运动产业常委会的重要工作。我主动参与了关于"冰雪运动培训"议题的调研任务，为会议的发言材料做准备。在深入走访多位冰雪运动教练后，我收集到了宝贵的第一手资料，并迅速撰写了《关于推动我市青少年冰雪运动培训工作的若干建议》的报告。这份报告经教科卫体委员会审议后，上报给了市政协孙珅主席。

孙珅主席不仅对材料进行了细致的批示，还给予了我宝贵的修改意见。我的调研成果作为会议材料，被呈报至市政协第十四届常委会第二次会议。

孙珅主席的批示和反馈，对我而言既是鼓励也是鞭策，让我深刻体会到，要想提出切实可行的建议，就必须深入实际，做好调查研究。在此，我要特别感谢那些无私分享经验的冰雪运动教练员，以及在我调研过程中给予悉心指导的时任教科卫体委员会办公室主任马淑艳同志。

这次经历，增强了我作为政协委员的责任感和使命感。通过不断的学习和实践，我迅速融入了政协委员的角色，积极发挥着建言献策和凝聚共识的双重作用。我坚信，只要我们坚持不懈地努力，就一定能够为社会的发展贡献更多的智慧和力量。

## 感动——专委会高效协助社情民意落实

2024 年 4 月，随着哈尔滨市市区内多条路段的维修工程启动，许多车辆的行驶路线不得不作出相应的调整。在和兴三道街与西大直街的交会处，一个令人担忧的现象引起了我的注意：红绿灯的左转信号灯长时间不亮，导致在直行绿灯亮起时，左转的车辆与直行的行人同时起步，造成了人车混行的混乱局面。经过多次实地观察，我发现这种情况每隔 50 多秒就会重复发生，这不仅给市民的出行带来了不便，更埋下了严重的安全隐患。

为了解决这一问题，我撰写了《关于西大直街与和兴三道街交口处恢复左转信号灯的建议》的社情民意信息。这一问题很快得到了妥善解决，道路再次恢复了畅通与安全。

该问题的圆满解决得益于专委会的高效工作和对民生问题的高度重视。这一经历让我深刻感受到，专委会的高效工作和对民众需求的迅速响应是多么重要。它不仅解决了实际问题，更让我体会到了作为一名政协委员，在为民发声、推动社会进步中所能发挥的重要作用。

这份成就感和满足感，将激励我继续以更加饱满的热情，为群众的利益发声，为社会的和谐发展贡献力量。

我珍视政协委员这一荣誉，它不仅是对我能力的认可，更是对我责任的提醒。我热爱人民政协的工作，它让我有机会为哈市的发展献计献策，为社会的和谐贡献力量。

第十二届全国政协主席俞正声曾说过："一届政协委员，一生政协情缘。我们要倍加珍惜宝贵时间，倍加珍惜委员荣誉，锲而不舍，奋发向上，不忘初心，敬终如始，恪尽职守，不懈怠、不松劲、不停步，在时代发展大潮中和人民政协舞台上，定格人生奋斗坐标，留下生动政协故事，以新的业绩为人民政协事业增光添彩。"

政协工作的经历，对我来说，是一段难忘的旅程，它塑造了我的价值观，坚定了我的信念。在未来的日子里，我将继续以政协委员的标准要求自己，"不忘初心，牢记使命"，为实现中华民族伟大复兴的中国梦贡献自己的一分力量。这份对政协工作的热爱，将伴随我一生，成为我不懈追求的动力源泉。

# 履职尽责　书写华章

祝洪章[①]

　　时光荏苒，加入市政协的大家庭一晃已经 7 年多了。成为一名光荣的哈尔滨市政协委员如同踏上了一段充满责任与使命的征程，怀揣着对家乡的挚爱和深情，我情系政协，肩负使命，书写担当，在这个为家乡谋发展、为人民书心声的平台上，留下了自己履职尽责的坚实足迹。

　　记得初入市政协时，那份激动与忐忑交织于心。激动的是，有了更为广阔的平台去为家乡的繁荣贡献自己的力量；忐忑的是，唯恐自己能力有限，辜负了身上的使命。然而，正是这份初心与使命感，如同一盏明灯，照亮了我政协履职的道路，督促我扎实地迈出履职尽责的每一步。

　　担任政协委员以来，我始终秉持"为国履职、为民尽责"的信念，坚持深入基层、深入界别、深入群众开展调查研究，倾听他们的心声和诉求。无论是走进社区与居民面对面交流，还是深入企业了解

---

① 哈尔滨市政协常委，黑龙江大学经管学院教授

祝洪章

他们的经营状况和困难，我都力求做到心贴心、实打实地了解民情、民意。这些深入界别群众开展实地调研的经历，让我更加深刻地认识到，政协工作必须紧密联系群众，才能真正做到为民发声。越深入参与政协工作，我对政协组织的感情越是深厚，对政协工作越是热爱。

履职以来，积极参与市政协调研考察，深入思考，撰写提案、信息20余篇。在提案的撰写上，我倾注了大量的心血。我时刻提醒自己，要保持敏锐的洞察力，深入生活，贴近群众，要将那些细微却真实的声音，汇聚成推动家乡发展的强大力量。从田园养老到青年就业，从优化营商环境到减轻企业税负，从商圈建设到粮食减损……我提交的每一项提案，都是经过广泛调研、深思熟虑的结果。

我注重提案的针对性和可行性，力求每一项提案都切中要害，提出切实可行的解决方案。比如，针对如何抓住多个国家战略叠加的政策红利，形成哈尔滨对外开放新体系，我撰写了《打造以哈尔滨为中心的对俄金融服务体系的建议》的提案，提出"我市应抓住国家级新区和服务贸易创新试点双重政策优势，链接综保区、保税区，进一步整合对俄合作资源，在加强经贸合作的同时，大力开展对俄金融合作"，该提案被评为年度优秀提案。针对哈尔滨开放度低、对外开放体制机制创新弱的现状，我撰写了《以开放倒逼改革　谱写开放型经济体系建设新篇章》的提案，建议"哈尔滨应加快构建以开放型经济体制创新和开放型跨境产业集群为核心，以高端基础设施、通达物流体系、良好生态环境为支撑，以国家级新区建设为载体，以综合保税区平台、对俄合作园区平台、中俄金融合作平台、中俄文化交流平台、国际商务旅游平台等为重点，涵盖产业、创新、贸易、金融、人才等子体系在内的全领域开放新体系"，该提案被市政协采用作为第十三届委员会第二次全体会议书面材料并呈报全体委员参阅。围绕未成年人沉迷网络游戏，我深入开展调查研究，走访调查大量中小学校学生家长，撰写的社情民意信息《关于构建未成年人沉迷网络游戏防止体系的建议》被政协采纳，呈报全国政协办公厅。我围绕基层单位使用体验撰写的社情民意信息，提交全国政协办公厅并被采用。

近年来，我紧扣中心大局，积极建言资政，围绕哈尔滨市开放型经济体系建设、对俄金融服务体系建设、"三区一港"联动、粮食减损、乡村共同富裕、冰雪运动和产业、国资混改平台建设等领域撰写的社情民意信息，多次被政协采纳，或转化为政协全会、常委会会议发言，或被提交市委、市政府主要领导参阅；我撰写的提案建议也多次被市政府相关部门采纳，落地转化为政府政策措施。看到自己的提案得到了重视和采纳，我感到无比欣慰，更为自己是一名政协委员而感到无比光荣。

除了提交提案、信息，我还积极参与政协的各项活动和讨论，注重与相关部门和专家的沟通协作，共同商讨解决问题的最佳途径。在政协全会、常委会上，我多次作大会发言；在小组讨论中，我认真倾听其他委员的发言，从中汲取智慧和力量，同时积极表达自己的观点和看法，把自己调研的成果和思考毫无保留地分享出来。我注重发言的质量和深度，力求用精准的语言、有力的论据来支撑自己的观点，广泛与其他委员形成共识。我知道，每一次发言都是为了解决问题，每一个建议都可能为城市的发展带来新的机遇。

我积极参与政协的学习交流、调研考察等活动，深入了解我市经济社会发展的各个方面。通过这些活动，我不仅拓宽了自己的视野，也增强了自己对政协工作的认识和理解。我还积极投身社会公益，争做社会公德模范，多年来坚持参与贫困助学的社会公益活动，常年资助捐助贫困儿童，并通过言传身教，影响身边的学生们，让学生也成为践行和弘扬社会主义核心价值观的社会主义合格接班人。鉴于我积极履职尽责的表现，任政协委员以来，我7次获得市政协优秀政协委员、优秀社情民意信息的表彰。巨大的荣誉让我感到光荣的同时，也让我时刻督促自己要珍惜荣誉，知责思进，更好履行委员职责，展现委员风采。

回首往昔，政协履职之路上的点点滴滴，如同璀璨星辰，照亮了我前行的方向。那些深入基层的日子，那些与群众心贴心的交流，那些为撰写提案而倾注的心血，都化作了我心中最宝贵的记忆。展望未来，我将继续怀揣着政协委员的责任担当，用心聆听民声，用智建言献策，以更加饱满的热情、更加务实的行动，践行一名政协委员的初心和使命！

# 大道之行　只要有光

## ——政协委员履职 7 年之吉光片羽

安海茵[①]

2017 年初，我当选为哈尔滨市政协第十三届政协委员。荣誉感满满！却又无端地心虚起来，政协委员要代表各界群众参与国是、参政议政。如何参与国是？怎样履行职责？不自知的我，思忖着该做些什么，才能在流水时光中，不辜负政协委员这样一个身份。

我所做的第一项准备，是去马迭尔宾馆，这里是人民政协的启航之地，新中国成立前夕，中共中央代表与民主党派人士代表，就是在这里筹备了新政协，协商建国。墨绿色的房顶和浅褐色的墙面，这座百年建筑在冬日雪花的映衬下，别有一份庄严的意味。步入马迭尔宾馆的二层，两侧古色古香的木质墙面仍保留着原初的风貌。静静闭拢的客房门上，悬挂着特制的古铜色铭牌，标注着哪位民主人士曾下榻该房间。时间的指针由此神奇回拨，我仿佛看到了当年集聚在这里的一群人，为了新中国的如画江山，求同存异、挥斥方遒的情形。或许

---

① 哈尔滨市政协委员，哈尔滨文学创作院《诗林》副主编

安海茵

他们未曾想到，自己曾参与起草和制定的《关于召开新的政治协商会议诸问题的协议》，作为筹备新政协活动的第一份正式文件，为人民政协第一届全体会议的召开和新中国的成立，奠定了政治基础。沉浸式重温这一段历史，我有诸多的喟叹，更有重任在肩的庄严之感。

从马迭尔宾馆出来，我尚沉浸在对历史风云的怀想之中，接到的一个电话，令我迅疾对接了现实责任和使命。"提案委员会是负责管理和审查政协提案的机构，这份职责是光荣的，有吃苦精神和学习劲头的委员才可能入选提案委，你愿意来接受遴选吗？"电话那端的声音温和而坚定，等待着我的回答。一股寒冬里的热流倏然涌遍全身，我这个小白级别的新任政协委员不假思索地说道："我愿意加入提案委，我会不断学习，争取合格！"电话那边的提案委领导说的一番话，在今日我已经无法一一复述，却还有几句仍牢牢记得："提案委是一个团结的集体，也是一个温暖的大家庭""做好提案审查工作，是提升政治素质和锤炼思想品格的过程""在学中干，在干中学"……于是，2017年，我成为光荣的哈尔滨市政协委员，归属文化艺术界别，并加入了提案委，先后承担过经济组和城建组的提案审查工作。履职7年间，给予我指导和帮助的政协领导和同仁有那么多！有的委员完成了使命，换届时挥手离开，而情谊尚在。有的委员仍和我并肩奋战，审查提案时热议哪项提案不应通过、哪些提案相似应并案；界别活动时一起琢磨怎样增强文化自信，以现实小切口提振文化大繁荣。7年来，我们有过现场调研、一起聚焦民生发展，有过诸多倡议、共同凝眸文化蓝图，有过关于老旧楼房加装电梯的联合提案，有过文旅融合、助力亚冬的系列建议，更有过和而不同、求同存异的真诚探讨，以及智力密集、前瞻探索的研讨交流，等等。

"政协委员"，这个称谓所涵括的神圣意味或许今日我仍无法——领会，但由此称谓而集聚的相似的灵魂，每每在街头巷尾生发通透的光芒，呼应着夜空的星火，勾勒着城市的图景。政协委员建言资政的成果主要借由提案和社情民意予以表达，这就要求委员要多动脑筋，选好课题。《关于扎实开展党史教育进中小学校园的建议》《将青少年糖尿病患者使用胰岛素泵的费用纳入医保的建议》《在冰雪旅游中增加诗歌文化元素的建议》《关于优化哈尔滨机场相关设施的建议》……落笔写下的每一项提案和建议，我都经过扎实的调研和征集民意，力争用情撰写，用心完善，建议精准。

"责任""信仰""操守""正义"……这些看似抽象的词语，一直以来都被肩负政治使命、抱持为民情怀的政协委员所恪守。履职7年来，我时有诚惶诚恐，时有同频共振，时有激荡生光，这些经历和锻造，无不让我成为更好的自己。更多的时候，我会暗暗想，我们市政协委员每一年所撰写的上千件提案、社情民意和调研报告，最终的落点和所凝聚的光亮，都是在哪儿？城市美化绿化调研现场上有，"冰城商量"专题协商会议里有，非物质文化遗产项目展演中有，节日送暖、爱心慰问的活动中有……政协委员坚守初心使命，扛实履职责任，为了哈尔滨这座城市的发展所注入的丝丝缕缕的力量与光芒，具象而又庄严。

要是还有些什么我没来得及提起，相信我，我还在履职道路上继续感悟，时时擦亮内心的珍藏。作为市政协委员，履职 7 年以来的吉光片羽，我须臾不曾忘记，更珍视以此际遇所达成的大道之行。胸怀"国之大者"，坚守为民情怀，何其有幸，我和我的同行者们山一程、水一程，以担当诠释忠诚，以实干践行使命，一笔一画，共绘盛世美景。

# 书香政协伴我奋进 文化繁荣重任在肩

白双修[①]

我是图书发行行业一名书店人，在美丽的哈尔滨辛勤耕耘了 30 年，从当年一个初出茅庐的图书零售个体户，发展成一个大型出版发行传媒集团公司。从进入这个行业伊始，我就有一个执念：让这座我深爱的城市飘满书香！建设城市的精神文化家园是我们书店人的历史使命，开展全民阅读活动是党中央建设文化强国的重大战略举措，连续十年将全民阅读写入政府工作报告。为此，我们哈尔滨慧文书院文化传媒集团有限公司将"推进全民阅读，建设书香中国"作为奋斗目标，努力前行。

## 一、三十年厚积薄发 全民阅读显身手

2016 年，我们策划打造了国内首家国风主题书店，旨在推动中华

---

① 哈尔滨市政协委员，哈尔滨慧文书院文化传媒集团有限公司董事长

白双修

优秀传统文化阅读的弘扬和发展。2018年，我又按照当代人的生活节奏，策划打造了"十点书房"，而后在2019年打造了"零点书房"，让阅读逐渐融入当代人的生活模式中。从2020年到现在，我们已经为全国各地的中小学生捐赠了价值超过5000万元的各类图书。我们为全民阅读的推广进行不断的探索和尝试，取得了一定成绩，但我也时刻谨记，我们的成功是伟大的新时代赋予的发展契机，没有党、国家和社会的扶持与认可，我们也不能走到今天。让更多人爱上读书、读到好书，就是一个书店人对社会最好的回馈。事业干得好不好，首先得看对社会作出了多大贡献，这是我一直以来的信条。我们始终秉承"书业正道跟党走，融合发展创未来"的发展理念，推动全民阅读，助力书香中国建设，传承和弘扬中华优秀传统文化，加强优秀文化作品发行传播。讲好中国故事，传播好中国声音。我们坚定地走专业化、标准化、规范化的融合发展之路，实施文化产业数字化战略，加快发展成为新型智能文化企业。

2022年，我有幸成为政协这个大家庭的一名成员。我深刻认识到责任的重大和使命的光荣，自己必须以更加虔诚奋进的姿态不断学习，用更扎实的步伐做好阅读推广工作，为文化强国助力。我愿同政协的其他委员们一起，将我们热爱的家乡哈尔滨，打造成充满浓郁书香的冰城夏都！

## 二、弘扬优秀传统文化　寻根中华文明历史渊源

2023年10月，我倡议并创办的善鸿读书会做了一期政协专场，我们政协的委员们出席了这次会议。活动结束后，委员们纷纷表示深有感悟、受益匪浅。中华优秀传统文化，是培育我们中国特色社会主义的文明沃土，也是泱泱大国、悠悠历史带给我们的文化底蕴。善鸿读书会，就是我们在习近平总书记提出的"两个结合"即"把马克思主义基本原理同中国具体实际相结合、同中华优秀传统文化相结合"的理论指引下，为贯彻落实弘扬中华优秀传统文化的号召所开展的系列活动。我们集团公司下属的慧文书院有一位老师，在国学方面颇有造诣，在读书会上，他以《说文解字》为切入口，从篆书的衍化追根溯源，紧紧围绕中华优秀传统文化这个维度，为各位政协委员答疑解惑。"道可道，非常道。"《道德经》里到底讲了什么，我们应该怎么样做好人、做好事，关键就在于"道"与"德"两个字。老师抽丝剥茧，沿着历史的足迹，历数国学经典，启发人生智慧。循道做事、从

书香政协"善鸿读书会"专场

德为人，这是中华优秀传统文化滋养着的中华民族独特的民族精神。中华文明源远流长，弘扬中华优秀传统文化的重任正在我们这一辈的肩上，这是我的心声，也是所有政协委员共同的感悟。

## 三、助力全民阅读　建设书香政协

2024 年 4 月 23 日世界读书日，哈尔滨市政协在我们慧文书院举办了书香政协"一本好书"主题分享会活动。这次分享会给我的印象特别深刻，那天外面的风刮得特别大，寒气逼人，但是会场内大家读书学习热火朝天。讲国学的老师先给各位委员讲了一段《大学》里的"格物致知"，到底怎么算"格物"，什么叫"致知"。我和与会委员听完之后真有一种醍醐灌顶的感觉。有时候人的思维跟"大道"就隔着那么一层窗户纸，活了几十年，有些道理透过这层窗户纸影影绰绰地能感受到一些门道，但又总是捉摸不定、拿捏不准，直到听了老师的讲授，大家才恍然大悟。我向各位委员分享了一些我这些年来的人生感悟，算是抛砖引玉，肖伟委员也上台分享了自己的读书心得，他字字珠玑又幽默风趣，把整个会场的气氛都带动了起来。接着各位委员都积极发言、踊跃分享，充分表达对文化、对人生的体悟与看法。现场的氛围我真的是久久难忘，大家一人捧着一本书，倾心欢聚。我看到，曾经那个理想中的阅读状态与政协朋友们的精神风貌在此刻重叠，这不就是书籍带给人的愉悦吗！我由衷地为书香政协这个活动感到骄傲！

## 四、发扬雷锋精神　开拓创新发展

2023 年 3 月 5 日，是第 60 个学雷锋纪念日，"让雷锋精神在新时代绽放更加璀璨的光芒"主题实践活动在慧文书院举行。这次活动分为两个部分，第一部分是赠书。活动中，委员们走进哈尔滨市团结中心小学，我以集团名义为学生们捐赠了价值 5 万元的摆渡船阅读主题图书和文教用品。虽然这些年来我一直都在坚持着公益赠书的活动，但是每一次赠书我都像第一次那样激动感怀。看着孩子们拿着自己喜欢的书时脸上洋溢着笑容的样子，我就觉得我所做的这些事的的确确是值得的，是真正给别人带去益处、给社会以回馈的，那种成就感不是单纯做商业盈利多少钱所能比拟的。尤其是这次还是代表市政协委员慰问孩子们，那种不负使命的自豪感，说是让我受用一生的宝贵财富也不为过。第二个部分，就是委员们一起来到慧文书院，召开学习研讨会，学习党和国家领导人关于弘扬雷锋精神的重要论述，集体学习《雷锋日记》，观看电影《雷锋》并分享学习心得。人做一件好事不难，难的是一辈子做好事。雷锋精神历久弥新，不管什么时候再学习，对我们都是极大的激励。继承并弘扬优秀传统美德，在新时代的征程上，继续坚持学习雷锋精神，是我们政协委员的共识。

我加入政协的时间才两年，并不长，但就是在这两年的时间里，我真真切切地感受到了个人的迅速成长。非常荣幸能跟政协的各位委员朋友一起工作，一起学习，一起进步。在以后的日子里，我也必将不忘初心、不负使命，同政协的同志们一道，积极深入基层、建言献策、勇于奉献、开拓前行，为冰城夏都哈尔滨的文化事业大发展大繁荣作出自己新的更大贡献！

# 漆艺之花在新中国成立 75 周年绽放

## ——政协委员的传承与传播、坚守与创新

白艳萍[①]

在迎接新中国成立 75 周年的光辉时刻，作为一名致力于传承传统文化的政协委员，我感慨万千。此刻，我想与大家分享一段我亲身经历的漆艺传承传播之旅。

我出生于 1970 年，是在国旗下成长起来的新青年，自幼便对传统文化有着深厚的兴趣和热爱，尤其痴迷于古老的民间技艺——漆家具。

我家是满族世家，镶黄旗，几代人在呼兰县南大街居住了 100 多年，至今我家里还留有满族人用的衣柜、小方凳等，都是榫卯结构的，有描绘的，有描金的，有嵌玉的。

我的邻居是亲属家，又是榫卯世家，1969 年 5 月建立木工坊，除制作家具外还带徒传承，儿子、侄子们都跟着老一辈学习木工手艺。20 世纪七八十年代，结婚非常流行置办"两开衣柜"，周边邻居都在

---

① 哈尔滨市政协委员，哈尔滨漆艺之星科技发展有限公司艺术设计总监

白艳萍

他家定做。

由于小的时候喜欢画画，我高中毕业后，接班到针织厂纹样技术室工作，下班后就到木工坊画图案，有时也跟着烙烫画，多少还能挣点零花钱，更主要的是日积月累练就了手艺，并对漆艺制作产生了浓厚的兴趣。

1995 年 9 月，按照厂里安排，我去哈尔滨师范大学美术学院绘画专业函授学习，在学校期间我选修了漆工艺，参加展览并获奖。1996年 10 月，我加入哈尔滨市工艺美术协会，1998 年 6 月顺利毕业并获得文学学士学位。但毕业后不久，由于企业改制，我下岗了，成了自由职业者。

下岗的我不甘寂寞，开始查阅与漆工艺相关的资料，利用所学和

拜师学艺——为师父敬茶

平时积累自己尝试设计制作。在制作过程中深感大漆艺术的博大精深，漆艺技法的多样性使作品的画面效果千变万化，也许是冲动后的决定，我去了北京、扬州、山西等地拜访大师前辈学习漆艺工艺及技法，一颗虔诚的、追求知识和传统技艺的心感动了北京金漆镶嵌厂厂长柏德元，通过几个月的学习和观察，他决定收我为徒，使我有幸成为清宫造办处第六代传人，由此改变了我的人生，由一个大漆艺术爱好者转变为一个大漆艺术的践行者和守护者。

我对大漆艺术倾注了 20 多年的情感，也换来了游客的赞叹、百姓的欣赏，以及政府的肯定，我欣慰极了。同时，最让我难以忘怀的几件事想分享给大家。一是感动 80 岁老人的坚守。我去漆艺主产区福州拜访前辈，看到国家级大师郑崇尧前辈 80 岁的高龄仍每天工作

8 个小时以上，其蛋壳镶嵌刻绘技法等高超的技艺让我折服，老前辈孜孜不倦的教导使我受益匪浅。从他们身上我看到了漆艺的传承和未来，同时结合创作所得，丰富了刻画、罩染、用笔等很多技法。二是深入湖北恩施毛坝镇采漆。大漆的采集是一项艰苦细致的工作，我与采漆工凌晨携带工具步行 10 多公里上山，搭好脚手架后爬上树，用刀把树皮割开，再用蚌壳接淌漆树汁液，一天的时间采集了不到半斤的生漆，我理解了"百里千刀一斤漆"的民谚和大漆的珍贵。三是难熬的大漆过敏。大漆是纯植物漆，是在生长着的漆树上割淌的汁液，这种漆抗腐蚀性极强，我们很多潜海的军工产品外体刷的就是这种大漆。这种漆在人们刚接触时会发生不同程度的过敏反应，俗称"大漆咬人"。我也一样，1998 年在北京跟师父学习期间就发生了严重的过敏反应，满身起红疹子、血泡等，奇痒难熬，又没有特效药。师父跟我说："艳萍，大漆过敏是正常现象，但你的过敏的确很严重，不要再坚持了，可能今生你与大漆无缘啊。"我说："师父，我能行，再坚持一下看看。"经过半个多月的康复，我终于坚持了下来，后虽有反复，但比第一次轻了很多，我高兴，师父也会心地笑了。

家乡的黑土地是生命的摇篮，母亲河松花江更是给人以向往和憧憬，哈尔滨的欧陆风情、冰雪大世界、抗联文化、五花山色及大湿地等不仅给人们提供了丰富的旅游资源，更是给文人墨客提供了丹青鸿绘的素材。于是我经常与同行及漆艺爱好者深入山区、林间、湿地、雪乡等地域特色鲜明的地方汲取营养、拍摄照片、勾画稿件、制作漆艺作品，争取把哈尔滨最美的景色、最美的瞬间展示给游客，展示给世人。

漆工艺改变了我的人生轨迹，也让我品尝了她的芳香，感受到她的妩媚，以及带给我的太多荣誉和光环。2021 年我被推荐为哈尔滨市第十四届政协委员，在参加的三次哈尔滨市政协会议中，我不仅积极建言献策、履职尽责，更是在参政议政过程中，亲身感受到国家民主的制度、人民当家作主的变化以及政协委员的责任和担当。连续几年获评市、区两级优秀政协委员、优秀提案和优秀人民建议，我感到无上光荣和自豪。

2024 年 5 月的一天，我走进哈尔滨市政协文史馆，一幅幅画面、一段段文字都深深影响着我、激励着我。人民政协的文史工作，是政协独具特色的一项重要工作，也是政协履行职能的一种重要形式，对文化事业发展和历史研究工作，都有着不可替代的作用。习近平总书记在庆祝中国人民政治协商会议成立 65 周年大会上的讲话中指出，"人民政协根植于中国历史文化，产生于近代以后中国人民革命的伟大斗争，发展于中国特色社会主义光辉实践"。以"中华优秀传统文化与协商民主"为主题的工作成为哈尔滨市政协工作一大亮点；政协文史馆的建立记录着哈尔滨市成为全国第一个解放城市的时代变迁；"书香政协"的设立讲述着历史与现代、科技与时尚、传统与创意；《指尖的律动：哈尔滨民间手工艺新创意图式》成为全国政协唯一公开发行的民间手工艺书籍，开创了历史，赢得了赞誉，记载着冰城手工艺人的技艺和生活；政协委员讲红色故事让人们缅怀先烈、铭记历史；政协委员的建议提案让城市经济发展走上快车道，让水更清、天更蓝、人更美……

几年来，经过调研我撰写了《关于加强非物质文化遗产保护工作的建议》《关于在哈尔滨市开展"行走中的博物馆"进校园的建议》等提案建议 5 篇；申报发明、实用新型等专利 119 项，发明专利"一种螺钿片软化切割方法"改变了漆画界"有雪无冰"的历史；发表学术论文并主持省委宣传部"漆艺可行性研究"及"清式满族宫廷家具暨'一带一路'漆艺礼品研发制作"等 8 项省级重点科研课题项目；恢复整理了"四大断"宫廷绝技；主持省总工会《天然大漆在东北地区食用器具上应用的可行性研究》高技能人才创新项目，使食用器具更加安全环保；成功复制战国时期漆器"曾侯乙盖豆"，修复西汉时期"君幸酒双耳杯"（陈列于哈尔滨博物馆）；研发制作的漆器工艺品"西施壶""雪韵冰城"被市政府作为国礼馈赠 12 位驻华大使；先后深入哈尔滨学院、黑龙江省商务学校等高校和单位宣讲"弘扬伟大建党精神，做好新时代高技能人才"讲座 8 场次；在哈尔滨博物馆金漆艺术馆接待团体主题教育活动 109 批次，日接待游客 600 多人次，传播传统文化受众累计 56 万人次，仅 2023 年暑假及国庆期间就接待游客 15 万人次、大中小幼学生 6000 人次、非遗体验 3080 人次，公益讲解 650 场次、重点讲解 135 场次；作为教育部教师企业实践基地项目负责人及主讲老师，开展全国职业教育教师 2023 漆艺之星"双师型"教师企业实践基地非遗项目高级研修班 6 期，来自全国 27 个省、直辖市、自治区的共计 48 所高职和中职院校的 79 位教师参加培训，结业后有 87% 的教师在本校开展了金漆工艺的教学或建立了漆艺工作室或设立研学工坊，为传承传播祖国传统文化开辟了新路径、探索了新方法；2023 年 12 月 14 日接待东北林业大学 48 名留学生参观金漆文化，对讲好中国故事、传播好中国声音起到了助推作用；2024 年 4 月 6 日"金漆镶嵌工艺走进哈工大"，开展系列研学体验活动，《人民日报》《科技日报》等国家级媒体给予报道，金漆艺术馆被列入"学习强国"学习范畴，被市科协、博物馆、游客和学生誉为"网红科普教育基地"及"弘扬传统文化公益讲解员"。

漫漫征程路，回首七十五载华夏春秋，哈尔滨市政协正在积极贯彻落实习近平总书记两次视察黑龙江的重要讲话和重要指示精神，以及省委提出的"建设'六个龙江'"和市委提出的"打造'七大都市'"，紧紧围绕亚冬会倒计时300天而积极努力开展工作。

我作为在一线传统文化行业成长起来的哈尔滨市政协委员，享受省政府特殊津贴专家，黑龙江省D类高层次人才，黑龙江省首席技师，黑龙江省三八红旗手标兵，黑龙江省工艺美术大师，龙江工匠，一定要在市政协党组领导下，在市政协文史委的具体指导下，发挥省级高技能领军人才和省级高层次人才的作用，在传统文化领域辛勤耕耘、勇于创新，制作更多、更好弘扬主旋律的优秀作品，在"新中国成立75周年""人民政协成立75周年"来临之际，体现政协委员的风采、责任与担当，让漆艺之花在冰城永久绽放。

人民选我当委员，我将尽责为人民。

# 讲好政协故事

姜 岩[①]

我与政协的故事是从讲好政协故事开始的……

## 一次座谈会与政协"结缘"

2022 年 7 月，第一次走进哈尔滨市政协大楼参加座谈会，那时我真的说不清楚政协究竟是个什么"协"。但是我倍感荣幸，并且清晰地记得座谈会的名字叫作"加强网络新闻媒体宣传工作座谈会"。参会人员有黑龙江省电视台知名的主持人和哈尔滨市的网络工作者。那时的我刚刚离开工作了 17 年的哈尔滨广播电视台，在网络上积累了 20 多万的粉丝，与爱人一同创办了新媒体工作室。真的没想到从体制内走出来，还能有机会与市政协的各位领导面对面建言献策，倍感荣幸！因为领导们非常随和、亲切，我就兴高采烈地介绍了一下自己是哈尔

---

① 哈尔滨市政协委员，俊哥俊嫂新媒体科技工作室创意总监

姜岩

滨市道德模范，是省文明办发证的"好人"，正在网络上努力做好城市文化的传播者，并且设想了一下如何通过自媒体讲好政协故事、传播政协好声音，根本没敢想我有一天还能成为政协委员。但是，奇迹就这样悄然地发生着……一个多月之后，市政协研究室邀请我以"媒体"身份参加政协的会议、活动，耐心地指导我如何讲好政协故事。无论是委员们走进社区的惠民活动，还是政协的常委会，抑或是为老百姓解决急难愁盼问题的"冰城商量"协商议政会，我都以接地气的方式在现场出镜播报，爱人作为摄影师一路相伴。回到家之后，我们俩再研究如何把严肃的新闻"翻译"成老百姓听得懂、易传播的"段子"，有时还会邀请年近古稀的老妈出镜，从搞笑场景切入。但是传播变换了形式和内容，自媒体的流量突然"塌腰"了！我们就不断探索，并且请研究室的各位领导为我们把关、审片。很感谢研究室各位领导的耐心指导和用心培养，让我在一次次的报道中身临其境地体会着"政治协商、民主监督、参政议政"的含义，自媒体流量也逐渐"回归"。

## 走上参政议政之路　沉浸式讲好政协故事

2023 年 9 月，我成为唯一一名以自媒体身份进入哈尔滨市政协的委员，而且是增补的。这份政治荣誉是对我莫大的鼓励和肯定。爱人提着行李箱送我去开两会，他比我还高兴，拍着胸脯兴奋地说："我是政协委员——她老公！"上车之后，他给我放了一首歌——《光荣的政协委员》，听到铿锵有力的旋律和振奋人心的歌词，我潸然泪下。此时，我才理解为什么演员发表获奖感言时会哭，真的是喜极而泣、百感交集，要感谢的人太多了！在两会现场，当孙珅主席说政协委员要"为国履职，为民尽责"的时候，我感受到的不仅仅是自豪，更是重任在肩。

出镜播报两会的时候我小心翼翼，晚上 11 点爬起来偷偷摸摸地坐电梯，来到华旗饭店一楼走廊通往会场的红毯上，用自拍杆拍摄了一条出镜视频。没想到刚要录制时，走廊的灯被服务员关了，走廊里只剩下了昏暗的灯光，透过落地窗路灯的光亮洒了进来，这时我朝服务员小妹妹笑了一下，她也朝我笑了笑，然后为我一个人打开了这一路上的灯光。

我不仅在拍摄上小心翼翼，在创作上也思虑再三。6 年的自媒体之路，我深知个别网友不冷静，喜欢带节奏，很怕评论区出现这样的声音："一个网红还当政协委员了！"本来是要讲好政协故事、传播政协好声音的，如果出现这样的效果不是适得其反了吗？于是，我想了一个"另类"的切入点，面对镜头这样说："各位国际友人，南方的小土豆，对不起，我不能够再接待你们了。今年哈尔滨火爆出圈，我们哈尔滨人都行动了起来，我们全家人以志愿者的身份去哈尔滨太平国际机场迎接了 40 位俄罗斯大小套娃，并且陪伴他们在中央大街和伏尔加庄园留下了欢声笑语。上周我们还迎接了来自四川达州土家族的孩子们，但是从现在开始，我真的接待不了了，因为我要开会。我是今年刚刚增补的哈尔滨市第十四届政协委员姜岩，在会议现场，我要认真聆听、努力学习，然后跟大家分享一下，政协开会对咱老百姓都有啥好处。我呢，也会在自媒体平台上记录哈尔滨市政协委员的成长之路……2 月 4 日中午，政治会议结束后，我们全家会带领孩子们继续盛装迎接远道而来的朋友们！"

我请研究室各位领导把关、审片，然后修改、复审，最后把视频在抖音、今日头条、微信视频号等平台通过"俊哥俊嫂故事汇"账号进行发布，评论区的几百条评论很祥和：

"好委员，以实际行动为哈市作贡献，为你点赞！"

"好好学习，为百姓建言献策，注意休息啊！"

"站在一线为百姓进言，哈尔滨一定会迎来高光时刻！"

"昨天我老公听你讲家乡哈尔滨，听着，听着，我看他流泪了，我心也是酸酸的！爱你，爱你说的每一句话！"

评论里有祝贺、有鼓励、有肯定、有信任，还有老百姓的期盼，真的没有人来"捣乱"！

第二天早上，我在会场外偶遇了研究室的领导，对我的报道给予了表扬，并且鼓励我走进两会现场出镜播报：

"走进会场里氛围感更强！"

"谢谢领导鼓励，我没敢进会场出镜！"当然，我也没好意思说，我昨天出镜是半夜偷摸录的。

第二篇报道《是谁，点名表扬哈尔滨人？》中，我站在会场里出镜，现场感和氛围感立刻就拉满了！因为时间紧迫，近千字的出镜词必须一气呵成，开篇第一句话："市长点名表扬你了，尔滨人！"接下来我分享了政府工作报告的内容和内心的感受：

"'千万市民群众自觉做形象代言人，以真诚热心的暖心之举促进哈尔滨火爆出圈，让城市烟火气满满、活力满满、爱意满满、信心满满。信心是力量，团结是力量，人民群众、市场主体、企业家的创新、创造、创举更是伟大的力量。只要我们始终站在一起、想在一起，一道拼、一道干、一道奋斗，共同创新、创造、创举，就一定能够战胜任何困难与挑战，不断开创振兴发展新局面。'这段话，让我感受到一股奋进的力量在胸中升腾。尔滨人，我们撸起袖子加油干吧！一定要相信，'路虽远，行则将至；事虽难，做则必成'。我们共同努力，把漂泊在外的游子迎接回哈，我们的尔滨不就是一个大家庭吗？市长就是咱家长，这个冬天咱家终于来'且'了，家长忙不过来了，我们全家人齐上阵……"

这条视频的几百条评论不仅祥和，更点燃了网友们的激情：

"哈尔滨的火在于底蕴，在于政府，更在于人民。天时、地利、政通人和，一起加油！"

"激发广大人民热情奉献的政府，才是最牛的政府！"

"激动得热泪盈眶！"

"我泪崩了，把游子接回哈！"

"哈尔滨人不但彰显了助人为乐，他们还显现了爱国情怀！"

…………

因为我是刚刚增补的委员，陌生的两会让我既感新奇又"压力山大"，一边开会，一边准备小组发言，并且请教身边的专家朋友，向本届别的委员老师们请教，晚上努力研究厚厚的会议资料，同时思考如何通过自媒体传播政协好声音，夜深人静的时候写稿、偷偷摸摸录视频、剪辑、发布、回复网友留言，我把自己折腾感冒了，整宿咳嗽……

记得两会是在小年之后两天结束的，没想到年后上班第一天我就接到了市委网信办的通知，因为我在两会上向市委宣传部门领导提出的把宣传家乡的自媒体小伙伴们团结起来，用大家手中的流量助力家乡发展的建议，恰好契合了市委宣传部成立"哈尔滨市网络名人协会"的决定。这幸福来得太突然了，今后有协会作依托，我们这些"自由职业者"就有组织了，有家了！大家可以形成合力，在宣传家乡的同时，自身也能获得更好的发展，权益也有了保障，这是我第一次感受到政协委员的"力量"。接下来的日子里，我跟随市委网信办申请协会，向民政局提交材料，参加哈尔滨市网络名人座谈会，团结身边的自媒体小伙伴们。大家听说要成立协会了，都心生向往，激动不已！希望今后能够与正能量的自媒体小伙伴们携手，助力打造清朗的网络环境，为家乡的文旅事业发展、经济发展作出贡献！

## 来自政协大家庭的温暖

虽然我增补为政协委员只有短短几个月，却感受到政协大家庭的温暖。研究室一路引领和指导着我如何讲好政协故事，如何撰写社情民意；社法委邀请我和身边的自媒体小伙伴们座谈，倾听大家的心声，然后指导我把界别群众的诉求写成提案；文史委一次次组织调研、培训、读书分享会，而且每一次活动都给我温暖的鼓励和肯定，让我这个"增补"的"小白"感受到了家的温暖，助我不断成长，提升履职能力。同时，我也感受到了学习型组织的力量，通过调研和活动让我更加了解自己的家乡；通过培训了解如何做好一名政协委员；通过读书分享会，让缕缕书香化作履职能力……我所在的文史委为了推动哈尔滨城市品质提升，组织相关单位、政协委员、专家，对全市703处历史文化建筑进行了详细调研、撰写调研报告并提出活化利用建议。当我手捧着22000多字的调研报告时，我体会到了政协工作的细致、踏实、专业和敬业！这份调研报告得到了市委主要领导的高度肯定，我撰写的有关老房子的宣传方案和提出的"霍尔瓦特将军府"活化利用的建议，也被融入调研报告当中。我又一次感受到从"人微言轻"到我的声音会影响城市发展，倍感使命光荣、重任在肩！

## 带动老百姓成为政协的宣传员

经过政协组织的用心培养，政协的三大职能"政治协商、民主监督、参政议政"在我的心中由以前的死记硬背，到如今参与其中，深刻理解。在一次次的采访中我见证了律师委员们走进社区为民解忧；见证了为解决"扰民的早市"，政协委员们与相关单位的一次次的协商；为了解决中央大街游客们的如厕问题，委员们在长达1450米的中央大街上对一栋栋建筑里的公厕的数量和使用情况进行统计；为了守好老人家的钱袋子，社法委与各相关单位多次商榷如何筑牢防诈墙，走进社区倾听老百姓的"心声"，提出建议并形成方案报告跟踪问效。今年6月，哈尔滨进入雨季，为了方便老百姓出行和更好地服务亚冬会，文史委带领委员们调研全市公交线路的电子站牌，当我带着问题来到一个个公交站台认真"蹲守"、详细观察时，真的会发现老百姓的心声和诉求。这就是我讲好政协故事、传播政协好声音的意义所在，因为人民政协为人民！政协解决的就是老百姓的急难愁盼，我要让老百姓听得懂、记得住政协的声音，并且带动老百姓成为政协的宣传员。比如我妈妈和我身边的许多朋友甚至是粉丝，现在就是政协的宣传员。他们在我发布的视频当中看到了"冰城商量"协商议政会中公布的中央大街厕所分布，于是就把视频转发给即将来哈尔滨的外地朋友，或者是转发到微信朋友圈；还有"冰城商量"协商议事会中发布的老年人防诈手段，也被儿女转发给自己的老爸老妈，我妈妈则会转发给她的老伙伴们。

"老爸老妈当主演　共当反诈宣传员"公益项目开机仪式

我从不知道政协是个什么"协"开始，到如今切身体会到人民政协为人民，真的是政协组织的用心培养，才让我有了参政议政的机会，在我心里人民政协亲切得像朋友，更像家人，温暖的鼓励和对委员的尊重让我爱上了政协这个"家"！委员之间无论是哪个行业，从事什么工作，都那样平等和友好，就像家里的兄弟姐妹们一样。我有幸来到这个正能量满满的大家庭里，我要努力讲好我们家里的故事，让良好的家风影响更多的人，并且带动更多的人传播政协好声音！

# 我的政协成长记

冷 艳[1]

从广告公司转做文化公司，从初出茅庐的大学生到履职的政协委员，随着不同阶段职业与身份的转变，我的个人成长值每天都在刷新。在这个科技革新、社会转型、民主进步的大时代，积极将个人理想与国家、社会发展相结合，是我谱写成长历史的独特方式。

我的政协故事从参加工作到成为政协委员的那一刻起开篇，在我心中，政协早已成为"家"了。我曾看到过这样一句话："在一条路上走得久了，别丢下了自己的激情和梦想，别忘了曾经的执着。"带着最初的激情和梦想，带着对政协的热情和执着，我在政协里不断成长、成熟，在政协委员这个大家庭里努力和收获，虽不完美但很完整，很踏实也很真实。

---

① 哈尔滨市政协委员，黑龙江久久传奇文化传播有限公司董事长

冷艳

## 吾家有女初长成

创立黑龙江久久传奇文化传播有限公司，是我不断明晰理想追求的过程。草创那年，我还是一个刚毕业的大学生，一开始我创立的是久久广告公司，在市场大潮中"争食"，秉持"做别人想不到、做不了的事情"。创业第二年便实现盈利，使我在文化领域自信满满，但是多年来作为文化人的使命感则时刻提醒着我，不能只沉溺于创收的成就感中，文化企业还应担负起文化传承的使命，后在久久广告基础上创建了如今的久久传奇文化传播有限公司。"久久传奇"扎根于本土市场，因此如何将哈尔滨的文化、黑龙江的文化乃至中国的文化传承并发扬光大，是我很长一段时间里每天思考的问题。

扎根本土市场，深耕文化领域，多年来，冷艳带领公司不断探索和突破

　　"久久传奇"始终坚持把社会效益放在首位，实现社会效益和经济效益相统一。在明确把社会效益第一、社会价值优先的经营理念体现到企业文化和章程中后，我迎来了第一次的跨越成长——加入了政协大家庭，通过自己作为文化传媒人的优势，积极建言献策……

　　初到政协，作为一名文化传媒人，虽然对政协有一定的了解，但更多的是一些茫然，还有一些诚惶诚恐和不知所措，对我该如何用自己的所学所会来更好地履职没有一个清晰的认识。随着时间的推移，通过新任委员培训、参与调研、参加座谈会，渐渐地我明白了政协的性质、定位和作用，明白了原来那么多得民心顺民意、被老百姓称赞的实事好事都是政协履职的结果，也明白了自己肩负的职责和使命。

## "本职＋履职"相互赋能

在长期从事文化产业与营销策划的耕耘中，我从媒体人蜕变为文化产业的工作者，一直为地方建设贡献着自己的力量。为哈尔滨新区、自贸区、南岗区、香坊区等区策划制作了区域招商引资宣传片；策划并执行了金融交通、环保、农业等相关宣传推介，拍摄制作宣传片百余部，服务客户300余家，用文化力量助力地方经济发展。这也使我明晰了我要用自己的专业所长和政协委员履职紧密结合起来，相互赋能，在做大做强企业的同时，奔走于哈尔滨市的每一个角落，访民情、问民生，尽心尽力为全市文化产业发展建言献策，用自己的实际行动践行一名政协委员的使命与担当，努力把本职工作做出成绩，积极投身经济社会发展，履职尽责，才能配得上政协委员的称谓。

我曾多次深入基层调研，先后参加了"老旧城区实施雨污分流确保城市安全""发展循环经济，提升资源利用率""哈市新民间手工艺行业传承与发展""构建以影视基地为核心的影视产业链"等调研活动，并在每次座谈会上积极发表自己的感想，提出合理化建议。在香坊区2022年度委员履职考核中我被评为优秀委员，撰写的《关于加大哈尔滨市富硒产业发展的建议》被评选为2022年度哈尔滨市政协优秀提案，这份荣誉使我备受鼓舞。

## 积极建言献策

回首履职经历让我收获满满，也让我感受到国家对民意的重视，我深知政协委员绝不能只图虚名，当"挂名委员"，干工作就要把工作干好、落实好，让群众受益，不能得过且过，时刻牢记"听党话、感党恩、跟党走"，为促进国计民生健康发展建言献策。

2024年1月8日，我在自己的工作站开展延续历史文脉，连接现代生活"非遗与老字号文化的传承与创新"专题座谈。

探讨如何写好"哈尔滨故事"这篇文章，导演好"哈尔滨故事"这台剧，并将"这篇文章""这台剧"用尽现代各种传媒手段，辐射并影响世界各地。

2024年4月18日，我参加了喜迎世界读书日书香政协"一本好书"主题分享会活动。通过分享会，在我市营造爱读书、读好书、善读书的良好舆论氛围和文明风尚，为更好地提高市民思想道德和文化素质，推动哈尔滨社会经济又好又快发展服务。

回顾过去，我见证了哈市建设的快速发展，也参与了诸多政策的讨论与制定，深刻体会到了作为一名政协委员的职责所在——那就是要为人民发声，为地方社会发展出力。作为一名政协委员，不但要履职尽责为百姓发声，在关键时刻还要施以援手。这些年，我一直用感恩之心回报社会，用爱心传递能量，多次组织参与了关爱弱势群体、为困难群体捐款捐物等公益爱心活动，得到了上级部门的肯定和表扬。

每一个提案想要落地，都是不易的，需要大量的数据、需要典型的案例、需要真实的场景，这就必须去做大量的考察、调研、采访，所以说政协这个平台是一个能让人历练与成长的平台。通过与各界人士的沟通与交流，我的视野变得开阔，思维变得活跃，处理问题的能力也大幅提升。当我亲眼见证了自己的努力与付出所结出的硕果，看到一些建议被采纳并实施，看到哈尔滨在各个方面的持续进步与发展，心生欢喜与自豪。

我深知这些成绩的背后，离不开组织的信任和培养。履职过程中，我也深感自身能力的不足，因此不断学习新知识、新理念，努力提升自己的履职水平。个人的力量是有限的，我很荣幸能与我市优秀政协委员一同共事，正是他们的智慧和热情给了我莫大的鼓励和支持，我们共同探讨问题，共同寻找解决方案，这份团结协作的精神，是我人生中最宝贵的财富与经历。

我将始终牢记政协委员身份，用心用情履职尽责，紧紧围绕党委政府中心工作，倾心倾力服务发展大局，用一条条建议、一次次协商、一次次监督落实，谱写新时代政协人的成长记。

# 从乡村走来的政协委员

李 波 [1]

　　我出生在铁力市一个小县城的乡下村庄。1994 年，我来到哈尔滨工程大学电子工程专业学习，后来又攻读了哈尔滨工程大学经济管理学院的硕士研究生。20 多年来，我通过不断的学习完成了从打工者到企业管理者，再到创业者的转变，辛勤的付出与幸福的收获，让我爱上了哈尔滨这座城市。

　　2003 年，我结合自己的专业和特长创办了与时科技公司。这是一家专业从事计算机系统集成、软件开发的公司，是一个专注防监控工程、机房设计施工、应用平台软件开发类型的公司。

　　2017 年，我当选政协哈尔滨市第十三届委员会委员，2022 年再次当选政协哈尔滨市第十四届委员会委员，并被聘为哈尔滨工程大学专业学位硕士生及本科生校外指导教师，被选为黑龙江省青年民营企业家商会副会长、黑龙江省创新协会副会长、黑龙江省人民检察院人

---

① 哈尔滨市政协委员，哈尔滨与时汇智科技发展有限公司总经理

李波

民监督员。20 多年来，我扎根信息安全领域，为哈尔滨经济社会发展、百姓信息安全辛勤耕耘、默默奉献。我还是哈尔滨市道外区人大代表并当选为道外区人大南直代表团副团长，黑龙江省人民检察院涉案企业合规监督评估专家组成员。2018 年、2022 年、2023 年被评为优秀政协委员。我时刻关注哈尔滨的经济发展、民生改善，听民声、纳民意、解民忧，积极履职建言献策，为所爱的这座城市拼搏付出。

## 发挥技术特长创办科技公司

我注重质量，严管理。2007 年公司承建的一大型超市的集成弱电项目被安防协会评为当年哈市弱电项目优质奖。同年进入软件开发领域，逐渐形成了自己独特的项目开发模式，并在短时间内为哈尔滨公安系统开发了软件应用综合平台及相应软件，为哈尔滨科技强警提供了有力的技术支撑。

作为科技公司，不断创新才能有生命力。通过不断提升技术实力和科技创新，开发的软件先后取得著作权60多项。2009年，被聘为哈尔滨市重要信息系统安全保护应急处置专家组成员，并为"第24届世界大学生冬季运动会"提供信息安全应急保障。2016年，我被评为黑龙江省科技创新优秀个人，为黑龙江科技创新作出了应有贡献。

作为有责任感的企业家，我时刻想着回报社会，帮助需要帮助的人。每年过年，我都要到社区最贫困的家庭去慰问。2013年，我为母校哈尔滨工程大学教育发展基金会一次性捐赠10万元，在2023年哈尔滨工程大学70周年校庆之际作为校友一次性捐赠价值60万元的产品，我觉得有能力回报社会真的是一种幸福。2020年，我获得了哈尔滨市精神文明办与哈尔滨志愿者协会颁发的志愿者证书，并被评为2020年哈尔滨道外区"爱心捐赠志愿者"荣誉称号。

## 忠诚履职为民

2022年，再次当选哈尔滨市政协第十四届委员的我，倍感责任重大，使命光荣！我想只有尽心尽力做好本职工作，努力履行好委员应尽的职责，才能对得起党和人民的信任。

闲暇时，我经常思考如何更好地回报社会和助力民生改善，如何更有成效地参政议政。

我不断加强学习，参加政协组织的各项调研、协商、视察活动，丰富自己、锻炼自己。可以说担任市政协委员的这些年，是我人生成长最快、收获最多的时期。

我注重调查研究，对百姓关心、关注的热点问题进行深入调研。我发现外卖快速的配送给城市居民带来便利的同时，也给城市交通带来了诸多安全隐患，发生了多起外卖摩托车争道抢行、逆向行驶引发的交通事故，造成多人死伤。为了消除隐患、减少事故发生，我多次与外卖员交流，征求市民建议，倾听专家意见，撰写了《关于规范外卖配送摩托车》提案，建议加强制度建设，对符合标准的外卖摩托车和驾驶人员按机动车管理标准统一管理；加强外卖企业的管理，落实岗前考核培训，使外卖驾驶人员交通安全法规学习常态化；加强媒体宣传力度，让社会监督成为常态化。提案得到了政府相关部门的高度重视与认可并积极回复，相关事项得到了有力的推进和落实。2023年半年内，黑龙江省先后在齐齐哈尔市、佳木斯市发生两起体育馆坍塌事故，造成多人死伤，黑龙江省体育场馆多次发生坍塌事故，给公众的生命财产安全带来了严重损失和威胁。面对这些风险事故我的内心十分痛苦，于是沉下心来开始调研思考，撰写提案，分析事故原因，提出防范建议，这些事故发生的原因主要包括设计缺陷、施工不当、维护不到位、管理不善等方面。其中，一些体育馆的设计和施工存在严重问题，无法抵御自然灾害或其他外力因素的影响；另一些体育场馆则由于管理和维护不当，导致设备老化、损坏或结构安全性下降。这些事故不仅造成了人员伤亡和财产损失，也暴露出了体育场馆管理和监督方面存在的严重问题。针对以上问题，我建议加强设计和施工管理，对于设计和施工单位的选择，应进行严格的筛选和评估，确保其具备专业能力和责任心；加强对体育馆的维护和管理，定期进行安全检查、维护和保养工作；加强应急预案的建设和执行力度，确保在发生事故时能够迅速采取有效的应急措施；加强对相关工作人员的培训和管理，提高他们的安全意识和应急处理能力；加强与当地政府、消防等部门的协作形成联防联控的局面。很快，我提交的提案得到相关部门的积极回应和落实，为我市大型体育馆所的安全运行作出了贡献。

哈尔滨旅游资源丰富，为充分发挥全域旅游综合带动作用，全面推进哈尔滨旅游业转型升级，2017年市政协组织专家学者和委员赴南方调研。作为调研组成员，我先后到全域旅游发展比较成功的广州、杭州、南京等城市深入考察。

我发现，互联网、物联网、云计算、数据挖掘等科技手段对旅游业的改变影响很大，而哈尔滨旅游业信息化发展要相对滞后于旅游业的整体发展。旅游业务数据分散，彼此数据不通，形成信息孤岛，旅游部门也无法及时全面对数据信息进行研判分析。在负面舆情信息获取上，突发事件的处置以及处置结果的及时发布上，也缺乏信息系统的支撑。我结合多年的技术经验并与各方专家深入交流后，撰写了《建设旅游行业智慧管理平台　完善"四化"旅游公共服务体系》提案，并在市政协第十三届委员会常务委员会第八次会议上作了大会发言。

我提出，要想吸引更多的游客，使哈尔滨成为人们心目中不能不来的旅游城市，加强旅游公共服务体系建设是必须认真对待的问题。我建议，健全政策法规，理顺体制机制，统筹全域旅游要素配置，完善哈尔滨全域化、智慧化、平台化、市场化的旅游公共服务体系，提高服务标准与水平。建设基于区域信息一体化的旅游行业智慧管理应用平台。加快景区基础设施建设，加强景区的通信、电力、供水、公厕、环保和信息化建设，科学规划功能完备的游客休息区；完善旅游集散咨询服务体系建设，在商业街区、交通枢纽、景点景区等游客集聚区设立旅游咨询服务中心、游客集散中心、旅游呼叫中心，提供景区、线路、交通、气象、医疗急救、安全等信息服务，提升旅游服务功能；完善应急机制，做好旅游安全事件的应急反应，做到及时救援、处置危机，保障游客安全。我的发言得到了与会市领导和相关部门的高度重视。

## 服务界别群众，委员工作站建立

李波政协委员工作站自建立以来，我始终以联系界别群众，有事多商量、做事多商量、遇事多商量为前提积极参政议政，充分发挥政协委员的桥梁和纽带作用，注重发挥委员资源和专业特长，对接基层需求，用心用情用力了解人民群众的急难愁盼问题，收集社情民意信息，积极建言献策。为推动科技成果转化，加快发展新质生产力，助推地方经济社会发展、民生改善等工作，委员工作站积极联系界别群众以沙龙交流方式不定期开展活动。

2023 年 6 月 9 日，委员工作站联合科技界别委员组织了一场委员交流活动。703 所、49 所、哈工大、哈工程大学、哈市职业技术学院及科技界别企业负责人广泛交流，就我市军民融合、科技成果转化、校企合作等问题展开热烈的讨论，为后续的军民融合及科技成果转化调研打下了坚实基础。为了巩固交流成果，7 月 3 日，就校企合作问题，科技界别委员到哈尔滨职业技术学院开展调研，校企双方围绕校企合作、产教融合模式与实施路径展开了深入的交流，并初步形成了校企合作框架协议。

7月9日，委员工作站联系本单位所在科技园区的科技企业，与来访的黑龙江省工程学院校友会重庆分会会长、秘书长和重庆企业代表走进委员工作站，看产品、听介绍，深入了解了黑龙江工程学院及道外区数字产业园区的科技成果转化落地的情况，助推了企业家对接科技项目成果转化的落地，活动得到了重庆校友会和本地科技企业的赞许。

我充分利用委员工作站地处道外区数字产业园区的优势，联系本园区的科技型企业，以沙龙茶话聊天的方式服务界别群众，在交流过程中大家就创新发展、税收、公司管理等问题展开交流，通过交流使参加的单位对企业的发展有了新的认识。

为了更好地服务界别群众、推进政策落实，8月31日，道外区人社局深入委员工作站与多家企业开展政策手递手、服务零距离座谈，就人才、劳动关系等问题展开交流，并对道外区特惠政策做了重点介绍。通过此次活动的开展，拓宽了企业同政府职能部门的交流途径，使政府送政策活动更精准、更及时，为企业人才引进、培育提供了良好思路。

为了学习并借鉴湖北蕲春县医药产业发展的先进经验，深入了解蕲艾产业的发展现状、政策支持和科技成果转化方面的做法和成效，为哈尔滨市生物医药产业发展提供新的思路，2024年5月24日至26日，我作为哈尔滨市政协科技界别的召集人，与哈尔滨市政协常委、中国农科院哈尔滨兽医研究生猪兔免疫治病创新团体首席科学家蔡雪辉老师，哈尔滨市政协委员、中国农科院哈尔滨兽医研究生基础病免疫创新团体首席科学家翁长江老师，联系科技界东北农业大学专家李艳华教授一起赴蕲春考察，先后参观了蕲春艾草种植基地、初加工和深加工企业与药物交易平台，考察了蕲春艾文化节和营商环境。此次考察后与相关专家和界别群众一起总结出《哈尔滨市政协科技界别考察蕲春蕲艾等中草药产业助推我市生物医药发展的报告》，期望为我市生物医药产业发展提供新思路，助推哈尔滨市中医药产业快速发展。《湖北日报》报道了我们的学习考察活动。

委员工作站建成之后，我多次联系界别群众和社区，听民意、汇集民声，为提出委员建议和汇聚社情民意提供了翔实的第一手信息，我通过联系群众撰写的政协提案和社情民意都得到了很好的回应和落实。

未来，政协委员工作站将继续秉持"协商于民"的宗旨，充分发挥政协委员的桥梁和纽带作用，为地方经济社会发展、民生改善等工作作出更大的贡献。同时，政协委员工作站将进一步加强与基层群众的联系和沟通，深入了解社情民意信息，积极建言献策，为推动地方经济社会发展和民生改善贡献智慧和力量。

为国履职，为民尽责。站在科技前沿，掌握信息技术，建设美好家园。我要将自己的青春才华奉献给哈尔滨，为建设更智慧、更安全、更现代的哈尔滨贡献自己的全部力量。

# 积极履职尽责
# 推动科技创新与产业化融合发展

付　强①

习近平总书记指出："人民政协是中国共产党把马克思列宁主义统一战线理论、政党理论、民主政治理论同中国实际相结合的伟大成果，是中国共产党领导各民主党派、无党派人士、人民团体和各族各界人士在政治制度上进行的伟大创造。70年来，在中国共产党领导下，人民政协坚持团结和民主两大主题，服务党和国家中心任务，在建立新中国和社会主义革命、建设、改革各个历史时期发挥了十分重要的作用。"

在加入哈尔滨市政协之后，我更加感受到当今世界正在经历百年未有之大变局，实现中华民族伟大复兴正处于关键时期。在新的征程上，人民政协使命光荣、责任重大。哈尔滨市政协始终坚持围绕中心、服务大局，以高度的责任感和使命感履行政治协商、民主监督、参政议政的重要职责，聚焦哈尔滨市经济社会发展中的重大问题和人

---

① 哈尔滨市政协委员，黑龙江省工业技术研究院院长

付强

民群众关心的热点难点问题，深入开展调查研究，积极建言献策，通过组织各种形式的协商活动，促进了政府与社会各界的沟通和理解，为推动决策的科学化、民主化发挥了积极作用。

我对家乡哈尔滨有着深厚的感情。哈尔滨，这座承载着历史与荣耀的城市，曾以它独特的工业基础和文化底蕴闻名遐迩。随着时代的变迁，哈尔滨作为东北地区重要中心城市和国家重要制造业基地，肩负振兴东北的重要使命，面临着改革发展的重大机遇和挑战。

习近平总书记在视察黑龙江时指出："向高新技术成果产业化要发展""以科技创新引领产业全面振兴"，哈尔滨正在着力打造创新引领之都，我深知科技是推动地方经济发展的重要驱动力，而科技成果产业化则是将其转化为现实生产力的关键所在。

怀揣着以科技创新与产业化服务振兴哈尔滨的情怀，我拒绝了省外多家机构的盛情邀约，积极投身于整合科技成果产业化各类资源，搭建高效、专业的成果转化平台，将黑龙江优质的科教资源、先进的科技成果转化为现实生产力，为家乡的产业升级和经济发展注入新的活力。

省工研院是在国家创新驱动发展战略全面实施和东北振兴事业蓬勃发展的大背景下成立的高质量成果转化平台，按照"企业化管理、市场化运作"模式，实行以理事会领导下院长负责制为主要架构的法人治理结构，理事会成员单位包括省市有关部门、高校院所、投融资机构等20家单位，实行"技术转移转化＋企业孵化加速＋资本协同投入"运行模式，探索成果转化市场化机制，助推省内高校院所科技成果高质量落地转化，承接国内外科技成果在我省引进转化，建设高质量成果转化平台。

发挥自身优势为群众服务是政协委员的核心职责，立足本职岗位为哈尔滨经济社会发展作贡献更是政协委员的重要使命。省工研院为我省科技型企业提供"全要素专业化＋全链条精准化"一站式标准化服务，累计孵化加速科友半导体、艾拓普、惠达科技、铸鼎工大、达城绿色、荣仪尚科、岛田大鹏等科技型企业325家。党的二十届三中全会提出，"强化企业科技创新主体地位，建立培育壮大科技领军企业机制"。省工研院服务一科麻、七彩莲花、卫安信等103家企业备案科技型中小企业，运美达、中超信诺、星云生物等43家企业获省级创新型中小企业认定，思哲睿、工大宏图、创博智能等31家企业获省知识产权优势企业认定，工大环境、大地测绘、工大航博等16家企业获"专精特新"中小企业认定，工大机器人创新中心、超精密、工达海卓等 12 家企业获省首台（套）产品认定，工大卫星、能创科技、盛达科技等 10 家企业获省市企业技术中心技术创新示范企业认定，邦定科技、吉象隆生物、秦昊科技等 7 家企业备案省级新型研发机构。2022 年以来，新成立企业 49 家，注册资金 2.51 亿元。

习近平总书记指出："抓创新就是抓发展，谋创新就是谋未来。"目前，省工研院孵化培育的一批企业已呈现爆发式增长。科友半导体已成长为国内第三代半导体材料骨干企业，2023 年合同额 6.7 亿元、销售额 1 亿元，其中 5000 万元出口欧洲。工大卫星 2023 年主营收入 8000 万元，合同额近 8 亿元。惠达科技从早期入孵的 1000 万元到 2022 年实现主营收入 2.7 亿元。同时，省工研院帮助海邻科、岛田大鹏等我省行业领军企业深度对接哈工大等高校院所科技资源，开展技术研发，2023 年海邻科受益于智能化装备、机器深度学习等新技术开

付强在哈工大微小卫星研究所调研并与科研人员座谈

发带来的增收超过 1 亿元；岛田大鹏在 2023 年 9 月新下线的机器视觉在线检测产品合同额就超过 1500 万元。

要做好政协委员的履职工作，必须深入调研，全面地了解社会实际情况，发现社会发展中的重点、难点问题，为参政议政提供有力支撑。作为政协委员，我组织推动省工研院系统性开展成果转化对接服务，2022 年以来，走访、对接、服务高校院所科技人员和科技型企业 2200 余次，举办各类成果转化对接服务活动 103 场。

政协委员一定要发挥自身优势、服务大局。作为科技成果转化机构的负责人，为政府决策提供支撑意见，推动哈尔滨高质量发展，是我履行政协工作职责的一项重要内容。我组织省工研院联合社会各界共同推动科技创新和成果转化支撑我省经济高质量发展。积极与省市政协、省委统战部、省市工商联、省委党校、欧美同学会等合作，多次为党政骨干及社会团体作科技创新及成果转化专题报告，积极推动社会各界广泛凝聚共识。参与制定国家、省、市重要政策、规划、战略报告及撰写咨政建议等，包括《探索转化新路径，重塑竞争新优势》《激发产学研协同创新活力，提高科技成果落地转化效率》《创新驱动发展，加快科技成果转化形成新质生产力》等文件 40 余项，有效推动了我省、我市的科技成果转化和产业化发展。

参与政协工作，不仅是一个深入了解和参与国家与地方治理的宝贵机会，也是增进对党中央及所在省份政策、发展动态理解的重要途径，使我在本职工作中更加精准地对接政策要求，确保工作方向与大局同频共振。习近平总书记在黑龙江考察时指出："把企业作为科技成果转化核心载体，提高科技成果落地转化率。"许勤书记在我省第十三次党代会上强调："坚持把龙江振兴发展的基点放在创新上。"省工研院积极构建"省工研院＋高校院所＋技术转移机构＋市地高新区"协同技术转移转化网络，截至 2024 年 6 月底，省工研院转化科技成果 260 项，助企吸引科技人才 181 人，培育高企 117 家，培育上市企业 4 家、挂牌企业 7 家。汇聚哈工大、哈工程、东北农大、哈理工、哈医大、省科学院等 37 家高校院所可转化科技成果近 2000 项，实用有效的惠企政策 251 项，企业期盼解决的需求 691 项。汇聚 10 位院士，30 位长江、杰青等国内外高端人才的科技成果在龙江落地转化，转化 40 项国家奖、113 项省部级奖成果。与国投创业、省新产业投、哈创投、浦发银行、鑫正投资等 43 家金融机构全面合作，为 26 家企业获得担保授信额度超 10 亿元，助企投融资超 1 亿元并成为哈尔滨股权交易中心挂牌推荐单位。

未来，作为政协委员，我将继续带领省工研院按照省市政府的工作总体部署，以着力建设创新引领之都为己任，充分发挥省工研院科技创新和成果转化增量器作用，汇聚"政产学研金用"创新要素资源，持续加强科技成果转化专业化人才队伍建设，不断提高可转化科技成果和企业技术需求的研判能力，有组织协同推动政策有效落地，充分激发科技成果转化中供给、服务、落地三端内生动力，有效地将高校院所创新资源延伸到企业，将社会创新资源延伸到高校院所，进一步提升科技成果转化效能，将我省科技资源优势转化为经济发展优势，以科技创新和成果转化引领产业全面振兴发展。

# 我与政协同行的 12 年

刘健伟 [①]

2010 年的寒冬，我与哈尔滨的缘分拉开序幕。彼时，银行拓展东北业务，计划成立哈尔滨分行，我承蒙银行信任，被委以重任，出任分行筹备组组长一职。2010 年 12 月，当我初次踏上哈尔滨这片广袤大地，迈出机场的一刹那，那场景至今刻骨铭心。我真切地领略到了零下二十几摄氏度的空气的独特，那冰冷的气息沁透肺腑的瞬间，使我精神陡然一振。

在哈尔滨度过的这些岁月，不仅是我事业的鼎盛之期，更成为我深入认知祖国、洞悉政治、明确社会责任的重要阶段。这座城市别具一格的建筑格调，洋溢着浓郁淳厚的异域风情，仿佛在悠悠地诉说着它的过往岁月与传奇故事。我满怀梦想与憧憬，坚定决心在此扎根，开启人生的崭新征程。

初到哈尔滨生活，朋友的支持与帮助举足轻重。初从香港而来的

---

① 哈尔滨市政协委员，（香港）亚银国际证券有限公司副总裁

我，结识新朋友、拓展社会资源，对生活和事业发展而言都极为关键。机缘巧合之中，我与黑龙江省广东商会的何文辉会长相识，经他推荐前往市委统战部，通过层层审核，我有幸成为哈尔滨市第十二届政协委员。从此，我的人生轨迹与这座城市的发展紧密相连、相互交织。

犹记得 2012 年首次参加市政协会议时，我紧张而又激动地步入会场。望着周围那些经验丰富、智慧超卓的前辈，各界别委员皆为声名远扬的企业家、备受尊崇的议员及名人，我战战兢兢地走进开幕式现场。首次参加分组会议的场景亦历历在目，当听到大家热烈探讨城市的发展论题，为关乎哈尔滨经济发展的每一个细节而争得面红耳赤时，我深受触动。那一刻，我才真正开始深入了解这座城市。原来，这便是政协的力量源泉，这便是为人民发声的神圣之地。

身为政治领域的新人，又身处陌生的环境，为担当起一名合格的

刘健伟

政协委员的重任，初期我勤奋学习，深入钻研政协体系、委员职能与责任、提案撰写技巧等内容。与此同时，我积极结交本地朋友，频繁与本地同事交流，以此了解哈尔滨的市民生活与经济发展态势。身处银行工作岗位，我的重心自然落在经济发展层面。回想 2012 年至 2013 年那段时光，哈尔滨相较于其他一、二线城市，发展的确相对滞后，投资环境也尚不成熟。当时与一些投资人交流时，我首次听闻"投资不过山海关"这一说法。为深入探究其中缘由，我决心全力助推当地经济发展，与诸多在哈尔滨有投资经验的委员或资深委员沟通交流，其间听闻了不少感人至深的故事，也深知前方道路任重道远。

在市政协的悠悠岁月中，以政协委员身份处理的第一件事，看似细微，却让我初次真切地感受到政协所能发挥的职能作用，以及能够实实在在地帮助到有需求的人士。事情的原委是这样：有一位在哈尔滨生活的香港朋友新购置了一台汽车，提车后在开往车管所办理手续的途中，被交警开具了罚单，理由是车辆未悬挂牌照。尽管朋友百般解释并出示证明，罚单还是无情地被开具了。后来在聚会中我们才知晓此事，起初他并未打算投诉或争取，但我考虑到执法的合理性以及对哈尔滨城市形象可能产生的影响，遂决定以政协委员的身份向交警大队反映此情况。负责此事的大队长耐心倾听、积极了解事情全貌，最终顺利地将此事妥善处理。

政协委员爱心满满，每次提及捐赠活动，大家都全力以赴。2017年，香港委员庄紫祥慈善基金会、市政协、市妇联和香港狮子会联合主办了"哈尔滨光明行"活动。香港委员庄紫祥通过他的慈善基金会和港澳委员们共同捐款 40 万元人民币，免费为哈尔滨贫困家庭的 400 名白内障患者实施手术，使他们重见光明。

刘健伟端午节前夕慰问香港贫困家庭

　　另有一次捐赠活动，同样让我印象深刻。2019 年至 2020 年，由澳门委员许前进牵头，市政协组织港澳委员参与了一次精准扶贫活动，经商讨决定选择通河县作为扶持地点。为实现脱贫攻坚目标和完成精准扶贫工作任务，从策划、组织到执行，每一个环节都严谨细致，捐款全程跟踪落实，确保捐赠资金足额、及时发放到贫困户手中。在我们委员的共同努力与拳拳爱心之下，扶助贫困户脱贫活动圆满结束，共捐款人民币 36.6 万元。捐赠羽绒服及夏日防晒服 1464 件，价值约人民币 12 万元。还为当地两所学校捐建了计算机网络教室和媒体精品录播教室，价值人民币 43.5 万元。

　　对贫困户的捐款只是整个活动的一部分，如何激活整个县的产业经济，才是帮助他们实现永久脱贫的关键。为此，委员们还积极帮助销售当地大米及山野菜等产品，为通河县带来了实际的经济收益。并且，针对个别有能力且有创业意愿但创业资金不足的贫困户，通河县政协部分常委出资帮扶，并邀请相关专家给予指导，确保将扶贫脱困工作落到实处，助力通河县 122 户贫困户成功脱贫。

除此之外，2023 年，香港常委刘顺兴的协合新能源集团在通河县投资了一个百万千瓦级风光储一体化 30 万千瓦风电项目，投资金额达 6.4 亿元，为通河县经济的腾飞发展注入了强大动力。除了经济贡献，政协委员们的爱心也如潺潺暖流，让我们与祖国人民心心相系，充分展现了温暖的同胞情谊与政协力量。

慈善关爱活动如潮水般连绵不断。2020 年，全球对医疗用品的需求极为迫切。委员及海外嘉宾们都竭尽全力，运用所有资源与人脉四处筹集医疗用品转赠给哈尔滨。其中，海外特邀嘉宾穆立国为黑龙江省红十字会、哈尔滨疾病预防控制中心和哈尔滨市第一医院捐赠共计 1.8 吨医疗物资；又通过中国驻新加坡大使馆协调国航，将筹集到的 20 箱空气消毒机器、7 箱消毒液，顺利捐赠给哈尔滨市疾病预防控制中心。其他港澳委员和海外特邀嘉宾也积极捐赠一次性医用口罩、医用手套、护目镜等。

2023 年 8 月，黑龙江多处遭遇百年一遇的大暴雨，同年 12 月，甘肃、青海发生 6.2 级地震。面对这两场灾情，委员们及特区政府的捐款与物资价值总和超过 250 万元。此外，今年端午节前夕，委员们在香港举办了"爱心满载 节日送暖——港区界别委员为基层家庭送上节日礼物"的活动，委员们深入社区，将节日礼物送到老人及贫困家庭手中。过程虽辛苦，但心中满是感恩。

2020 年，政协将更多工作重点置于服务群众及市民，把服务界别作为重要工作指标。通过"网上议政、远程协商"的方式，融入科技元素以解决实际问题。2021—2023 年，港澳委员全员以视频形式参加政协全会的开幕式、闭幕式，列席人大开幕式，并组织开展了多次分组讨论，氛围丝毫不减。每位港澳委员都精心准备发言材料，围绕哈尔滨经济发展、加强哈港澳合作、落实爱国者治港治澳，加强港澳青年爱国主义教育等诸多方面积极建言献策，充分证明委员们积极参政议政的热情丝毫未受影响。

在香港，2016 年至 2020 年，社会局势动荡不安。"占中"事件、大型游行，乃至后期的毁坏立法会大楼及大规模暴乱等事件，皆历历在目，令人痛心疾首。正因担负着政协委员这一身份，我与诸多委员同仁们挺身而出，为维护香港与国家的尊严贡献力量。这些年来，我和众多委员兄弟姐妹在香港参与了支持政改，在关键时刻和重大问题上立场鲜明、态度坚定。同时，积极组织并参与诸多活动，例如支持警察执法、设置宣传街站、在不同媒体发声等。那些行为严重触碰了"一国两制"的底线，严重违反了国家宪法、基本法和香港有关法律，严重伤害了包括香港居民在内的全中国人民乃至全球华人的民族感情。

2024 年 3 月，与《基本法》第二十三条相关的"维护国家安全条例"立法获得通过，等待了 27 年的条例终于生效。此条例使香港能够守护好家门，有效应对国家安全风险，完善并落实维护国家安全的制度体系，推动"一国两制"在香港行稳致远，促进香港的繁荣与稳定发展。

"修例风波"在国安法颁布之后，整体局势得以扭转。如今，香港社会由治及兴，社会矛盾依然存在，又遭遇随后的经济下行压力，在这三重打击之下，香港确实需要一段时间来恢复元气。所以，政府除了着力推动经济发展外，还将更多资源与重点投向青少年发展、国民教育方向、教育及社会福利制度、房屋供应及竞争力定位等问题上。我本人也积极响应号召，更多地参与社会及青少年发展工作，担任香港青少年团队"香港童军"的区务委员会会长，为香港青少年发展工作投入更多时间与精力，深感意义重大。

2024年2月，哈尔滨市第十四届政协第三次会议盛大召开，对于港澳委员而言意义非凡。现场开会的氛围无与伦比，委员们的讨论和发言十分热烈。其中，除了哈尔滨在冬季时火爆"出圈"这一话题，哈尔滨—香港直航航班这一议题也成为热点。此前，香港界别、英炜常委、姚文委员等已通过不同渠道、在多个会议中就争取哈港直航航班这一议题提出建议并提交提案。加上此次会议的积极研讨，市领导及市政协领导高度重视，最终我们于5月份得知，哈港直航航班将于6月开通，香港委员们皆欣喜若狂。6月2日，在香港国际机场举行了首航仪式，委员们亲自前往机场参加典礼，共同见证这一期待已久的时刻，见证了多年政协工作的丰硕成果。

另外有幸，我在香港省级政协委员联谊会及哈尔滨海外之友联谊会分别担任委员会副主任及副秘书长一职，因而能够直接组织和参与诸多活动，例如第十八届及第十九届哈尔滨海外之友联谊会年会、全球华人足球比赛及嘉年华活动等，活动繁多，难以一一详述。但每一个活动，都成为我政协生涯中的珍贵记忆。

在市政协的这些年，我见证了众多委员为城市的发展不辞艰辛、默默耕耘与奉献。香港委员大多为企业家及专业人士，在各自领域皆是行业翘楚，涉及金融、会计、工程、房产开发、媒体、学术等领域。大家在各自的专业范畴施展才华，在相关议题及讨论中提出专业见解、提交提案。回忆每次撰写提案的过程，都需要进行大量的事先调研与精心准备工作，我提交的提案主要围绕金融、投资及促进经济等领域。

在政协前辈中，我最为敬重的英炜常委，为了推动哈尔滨的实业发展，即便年事已高，仍频繁往返于哈港之间，不辞辛劳地处理公司事务与政协工作，其魄力与精神令人钦佩与敬仰。香港界别还有一批巾帼不让须眉的女委员，我们5位女委员一直在政协工作中积极协调资源，全力配合组织工作。在香港，委员有一套评分机制，5位女委员在满分100分中得分皆超过85分，其中最高者更是达到95分。她们的出色表现深深打动了我，也激励着我砥砺前行、不断奋进。

回顾自己在市政协的这段历程，有欢笑，有汗水，有挫折，更有成长。每一次调研，每一次讨论，每一次提案，都是我为这座城市倾洒的心血，都是我与这座城市共同成长的有力见证。

我深知，作为一名历经三届政协的委员，责任重大，使命崇高而光荣。我将继续倾听界别的声音、关注城市的发展，为哈尔滨的美好未来倾尽全力、奉献所有。我坚信，在市政协的引领之下，在全体委员的齐心协力、共同奋斗之下，哈尔滨的明天必定更加绚丽璀璨、辉煌灿烂。

# 绿意盈心　政协路上的生态足迹

李　晔[①]

## 绿韵初启：责任与梦想的双重奏

2023 年 8 月 15 日，阳光透过哈尔滨初秋的薄雾，温柔地洒在哈尔滨环保技术咨询推广中心的门前。这一天，对于我而言，是一个意义非凡的日子——市政协民建界别"李晔政协委员工作站"正式挂牌成立。随着红绸缓缓落下，露出那镌刻着荣誉与责任的牌匾，我的心境仿佛也随着那初露的绿意，经历了从忐忑到希望的微妙变化。

那一刻，我仿佛置身于春天的田野，眼前的一切都充满了生机与希望。但与此同时，我也清楚地意识到，这块牌子的重量远非寻常，它承载的是对界别群众的深情承诺，是对环境保护事业的坚定信念。我深知，这份责任重大，它要求我必须以更加饱满的热情和更加严谨的态度，去走好服务群众的"最后一公里"。

---

① 哈尔滨市政协委员，哈尔滨环保技术咨询推广中心主任

李晔

　　挂牌仪式结束后，我站在工作站前，凝视着那块熠熠生辉的牌子，心中涌动着复杂的情感。这份情感，并非简单的"小确幸"，而是一种难以言喻的憧憬和自豪。我从未想过，自己能够有幸成为政协这个大家庭中的一员，更未曾料到，我们在政协的每一次履职，都会化作哈尔滨这座城市发展史上的一抹抹绿色印记，为这座城市增添无限生机与活力。

## 绿意蔓延：提案中的环保情怀

　　作为一名在环保领域深耕多年的工作者，我的提案总是与那片让我魂牵梦绕的绿色息息相关。记得那是一个普通的周末，我受邀前往一位朋友的新居做客。闲聊间，朋友不经意提起了小区绿化带的问题——那些本应绿草如茵的地方，却被随意丢弃的砖头和水泥块占据，显得格外刺眼。

第二天，当我走下楼目睹那一幕时，内心的震撼难以言表。我开始留意起周围的环境，发现类似的现象并非个例。在哈尔滨的许多新建小区中，总有那么一些角落被建筑垃圾所侵占，不仅破坏了小区的美观，更对居民的生活环境和健康安全构成了潜在威胁。

于是，我决定行动起来。经过深入调研和反复思考，提案《关于对建筑固废进行分类回收利用的建议》应运而生。这份提案不仅直接回应了当前的环境问题，更提出了切实可行的解决方案，旨在通过强化污染防治建章立制，从根本上解决建筑垃圾随意丢弃的问题。提交后，我时刻关注着它的进展，并欣喜地看到它得到了《直讯》的采用，这无疑是对我的极大鼓舞。

而在此之前，我还曾就老城区的雨污分流改造问题提出过建议，旨在控制溢流污染，改善城市水环境。这份提案在市政协十四届第七次常委会上得到了采纳，并在城市安全领域产生了积极影响。此外，我还就强化职业教育人才培养提出了建议，该建议也获得了省政协的认可。更令我感到荣幸的是，我关于提升土壤质量、提高耕地安全利用率的建议还荣获了黑龙江省人民建议奖。

每一次提案的提交，都是我对环保事业的一份热爱与执着。而每一次提案的成功落地或被采纳，都是对我工作的最好肯定。我深刻体会到，每一抹绿色的增添都源自不懈的努力与坚持；而每一次提案的成功，都是推动环保事业向前发展的一分力量。我将继续怀揣着这份环保情怀，为守护我们的绿水青山贡献自己的力量。

2023 年 8 月 15 日，市政协民建界别"李晔政协委员工作站"正式挂牌成立，这块牌子的重量非比寻常，它承载的是对界别群众的深情承诺，是对环境保护事业的坚定信念。未来将充分发挥委员工作站作用，积极推动政协协商向基层延伸，围绕城市绿色低碳发展、固废污染防治、水土保持等方面开展深入调查研究、积极建言献策，为推动哈尔滨高质量发展献智出力

## 绿带织梦：沿江美景的守护者

哈尔滨的松花江畔是我心中的一片净土。每当夕阳西下时分，我都会漫步在沿江绿道上，享受着那份宁静与美好。然而随着时间的推移，我发现沿江绿道并非完美无瑕——一些路段的断裂、路面破损以及悬空的电线等问题逐渐暴露出来。这些问题虽然看似微小却不容忽

视，它们不仅影响了沿江景观的整体美感，更给市民和游客带来了诸多不便。

于是我和几位志同道合的政协委员一起踏上了实地调研的征程。我们沿着松花江畔一步步前行，仔细观察每一处细节并记录下每一个问题。经过多次讨论和修改，提案《关于沿江地区提升改造的建议》终于成形。这份提案不仅提出了统筹建设一体化沿江公园带的构想，还建议增加休息设施、优化步行道布局等具体措施，旨在让沿江地带更加完美无缺。

提案提交后不久就引起了社会各界的广泛关注。哈尔滨市政府部门积极响应我们的呼吁，投入大量人力物力对沿江地区进行了全面提升改造。如今，当你再次漫步在松花江畔时，你会发现那些曾经的瑕疵已经消失不见，取而代之的是一条条宽敞整洁的慢行道和自行车道，以及一个个温馨舒适的休息座椅。市民和游客们在这里悠然自得地享受着大自然的馈赠，脸上洋溢着幸福的笑容。

## 绿水长流：松花江畔的生态卫士

松花江作为哈尔滨的母亲河，其清澈与美丽是这座城市永恒的追求。然而面对黑臭水体整治的严峻挑战，我们深知责任重大。2021年12月，中央生态环境保护督察集中通报了哈尔滨市黑臭水体整治工作存在的问题，其中何家沟、松浦支渠等水体返黑返臭现象尤为严重。

面对这一挑战，我作为政协委员积极参与到"三沟一河"生态环境综合整治的民主监督中来。我们深入实地走访了解整治工作的进展情况，与相关部门的工作人员面对面交流并听取他们的意见和建议。

在走访过程中，我们发现了一些亟待解决的问题并提出了具有针对性的建议。例如，我们建议从污水处理入手彻底解决水体黑臭问题；同时，加强沿岸绿色生态廊道建设，提升生态环境质量。

经过持续的努力和整改，何家沟、松浦支渠等水体的黑臭问题终于得到了有效解决。如今，当你再次站在松花江畔时，你会发现那些曾经令人掩鼻而过的黑臭水体已经不复存在，取而代之的是一江碧水清澈见底两岸绿树成荫鸟语花香。这一切的变化都凝聚着我们政协委员的心血与汗水，也见证了我们跨界融合履职的自豪与荣耀。

## 绿链联动：央企与地方经济的共舞

因"绿"结缘我的工作触角逐渐延伸至更广阔的领域。在提升央企在哈尔滨配套率的调研中我有幸深入到了哈尔滨的一些大型央企内部，近距离地感受到了这些"国之重器"的魅力与力量。

在调研过程中我们发现央企在黑龙江的配套率亟待提升。以一家大型央企为例，其在我省的配套率仅为30%，而同样作为重型装备制造基地的四川省，其省内配套率却可以达到80%。这一差距不仅制约了央企在黑龙江的发展，也影响了地方经济的整体竞争力。

为了改变这一现状，我们市政协委员们围绕"提高央企在哈尔滨配套率 促进我市经济高质量发展"主题展开了深入的调研工作。我们足迹遍布哈尔滨锅炉厂、汽轮机厂、华电能源有限公司等大型央企，与企业负责人面对面交流，倾听他们的心声，了解他们的需求和困难。在调研过程中我们不仅感受到了央企对地方经济发展的重要作用，也深刻认识到了提升配套率的紧迫性和重要性。

经过多次讨论和修改，我们最终形成了一份翔实可行的调研报告并提出了多项具体建议。这些建议涵盖了政策落实、生产配套、产品销售、引才育才留才机制等多个方面，旨在通过全方位的努力推动央企在黑龙江的发展实现地方经济与央企的双赢。如今这些建议正在逐步转化为市委、市政府的决策，为哈尔滨的经济高质量发展注入了新的动力。

## 绿满政协：生态之路的行者无疆

去年我有幸参加了由吉林大学、中国高等院校市场学研究会主办的2023年（第八届）绿色消费与绿色营销专题研讨会，共同探讨绿色消费与绿色营销的新形势、新挑战和新未来。各位学者、专家及企业家们的精彩分享无疑为绿色消费及绿色营销注入了新的动力，为绿色发展提供了新的思考路径。这些宝贵的经验和知识，也将成为我未来在政协工作中推动绿色发展的重要支撑。

回顾在政协工作的点点滴滴，我深感荣幸与自豪。绿色不仅是我心中最亮丽的底色，也是我履职过程中永恒的主题。从生态文明建设的参与者到污染防治攻坚战的见证者，我用自己的实际行动诠释了政协委员的责任与担当。

展望未来，我将继续以绿色为引领，多思考、多实践、多体验，为政协事业贡献更多的绿色力量。我相信，只要我们每个人都能够秉持着对绿色的热爱与追求，就一定能够共同绘制出一幅幅美丽的生态画卷，让政协之路因绿而美、因绿而强。同时，我也期待着在未来的日子里能够与更多的政协委员和社会各界人士携手共进，共同守护好我们这片美丽的家园，让哈尔滨的明天更加灿烂辉煌！

# 政协是一个温暖的大家庭
# 我们在这里幸福成长

牛金忠[①]

## 走进政协——生命历程中值得被铭记

2022年3月，我从县政协委员被推选为市政协委员，当得到这个消息时既惊喜又自豪，心情万分激动！政协组织在我心里是非常神圣的。政协委员是荣誉，更是责任。我怀着一种崇高的荣誉感和忐忑的心情，走进了哈尔滨市政协这个大家庭。第一次以市政协委员的身份参加了政协会议，聆听了领导们的讲话和委员们的座谈讨论。委员们撰写提案和社情民意，让我更加深刻理解了政协委员的责任和义务。这不仅是党和政府的信任，也是群众的期望。如何才能不负重托，积极反映社情民意，写出高质量、操作性强的提案，为党和政府工作提供第一手的资料，我在深深地思考。

---

① 哈尔滨市政协委员，中科国泓控股集团有限公司董事长

牛金忠

## 参政议政——是责任也是重托

  政协委员不仅是一份荣誉，也是一份责任、一份重托。我发现只要在生活和工作中多留意、多观察、多调研、多思考，多联系群众，其实写社情民意信息和一篇高质量的提案也没有那么难，而且自己提出的建议被党和政府采用了，特别有成就感。在生活中，一些看起来不大的事情，可能就会给很多市民带来困扰，而 12345 热线就像把一个城市的每一件事串到一起的针线，从小事入手最终解决市民的急难愁盼问题。北京市的 12345 热线成立较早，经历数次改革，现在演变成非紧急服务中心，接诉即办，经验丰富。因我多数时间在北京工

牛金忠深入田间调研乡村振兴、农业发展及农民增收情况

作，也切身体会到了北京的工作效率和对市民的便利程度。相对来说，哈尔滨的 12345 市长热线发展比较缓慢，大部分工作还在信访局，以解决信访问题为主。我想，如果能把多元主体共建共治先进的管理方法用到我的家乡，不仅能提高政府的行政效率，降低行政成本，还能造福于民。于是我萌生了通过政协平台提案推动该项工作落实的想法。之后我开始调研一些发达城市 12345 热线运营的情况，诸如深圳、杭州、北京等地，根据调研情况撰写了《优化营商环境　强化政务服务　完善和加强市长热线接诉即办的建议》的提案供政府作为参考，并发挥了积极的社会价值。

2021 年，国家从战略的高度推出《全国高标准农田建设规划（2021—2030 年）》。藏粮于地、藏粮于技，各地根据实际情况进行了推进，但是从建设的进度及质量来看参差不齐。每次回到家乡，都要经过高标准农田的建设区，看着深水浇灌井被随意扔弃的异物卡住、井房子损毁严重等问题，不禁为国家每年投入这么大的资金，最后没能真正地发挥作用感到惋惜。高标准农田建后管护水平实属不"高"

甚至荒废，着实让人痛心。为了找出问题的症结所在，我就尝试着和当地的村民进行交流，多次到村屯进行走访，最后总结出高标准农田存在管护主体不明确、资金来源不足、建筑物损毁严重、县级以下政府重视不足、后续工作落实不到位等问题。作为一名政协委员我有义务把真实的情况通过政协组织反映给政府。2023年，我撰写的《高标准农田建后管护问题及对策》获得了省政协、市政府、市政协领导的高度重视，同年被评为"优秀社情民意信息"。

美好的城市空间是人民幸福生活的载体。顺应新时代改善人居环境、建设宜居城市的发展需求，口袋公园就像城市绿色脉络中的"穴位"，激活城市"动脉"，把城市角落变成"诗和远方"，提升居民生活品质，兜起居民生活幸福感。中央电视台和《人民日报》都曾这样表述："口袋公园虽小，却'绣'出城市方寸之美。"我通过调研发现哈市城区内存在人口密度高、公园绿地不足，休闲空间小、绿地利用率低等现象，持续和大力建设发展口袋公园不仅能更好满足人民群众运动健身、休闲游憩等户外活动需求，还因其选址灵活、因地制宜的特点，可以弥补城市老城区区域绿色空间不足、分布不均衡等短板。针对调研发现的问题，我撰写了《打造共享空间　增加人民福祉——大力发展和建设口袋公园的必要和意义》的提案。该提案产生了积极的社会效应，同年11月，我接受了哈尔滨电视台新闻频道《听见哈尔滨栏目》采访。

三年来，我撰写的多篇提案和社情民意，被相关部门采纳，特别有成就感！《关于我市打造创意设计之都的几点思考》被收录在市政协编写的常委会会议资料中，因撰写《打造汇享空间　增加人民福祉》被市政协推荐接受电视台的采访……所有成果的取得，都离不开政协这个大家庭，离不开政协领导和文史委同事们的支持和关心。

身为政协委员，重任在肩，我时时提醒自己，要以作为一名合格有为的政协委员为己任。在履职的过程中，我在做好本职工作的前提下，积极参加政协组织的各项活动，深入基层调研。2022 年哈尔滨市委提出打造"七大都市"的目标，市政协积极行动，文史委承担了打造"创意设计之都"常委会专题协商和调研任务，我跟随文史委去广东、湖北等地调研并积极撰写意见建议。

## 温暖政协——在关爱中成长和进步

一入政协门，一世政协情。能够成为政协这个大家庭的一员，是我的荣幸，我也力争做一名总书记要求的懂政协、会协商、善议政、守纪律、讲规矩、重品行的新时代合格的政协委员。回顾在政协的日子，我更多的是感恩和庆幸。庆幸自己能成为市政协的一员，感谢政协这个大家庭，让我在这里获得了温暖；更感谢市政协及文史委各位领导对我们委员的关心和爱护，在政协这个大平台上开阔了视野，学到了知识，能够更好地为人民代言、为党和政府献策。未来，在政协组织的带领下，我将不断加强学习，提高自身素质和参政议政能力，努力把政协委员的政治荣誉和社会担当统一起来，以实际行动践行政协委员的光荣职责，当好政府的好参谋和好助手，为哈尔滨经济、社会发展贡献自己的微薄之力。

# 探索四级界别委员履职为民联动机制

田 晶 ①

在哈尔滨市政协的大力推动下，一系列界别联动工作相继展开。南岗区文化家园社区创建了"市、区政协委员履职联动服务群众活动基地"；省、市、区、县四级界别委员在南岗区荣市社区卫生服务中心创建了"健康惠民服务站"；等等

市政协开展的四级界别委员履职联动工作深入贯彻落实习近平总书记关于以人民为中心的发展思想，坚持团结和民主两大主题，服务党委政府的中心工作，在基层群众中展现界别委员风采，与党委政府同心协力，为实现人民群众对美好生活的向往和追求做一些实实在在的事情。

## 送医疗　教养生　就医解难

就医难是事关群众切身利益的重点难点问题之一，也是实实在在

---

① 哈尔滨市政协委员，哈尔滨银行远程银行中心总经理

田晶

的民生问题。在落实党中央提出的推进"健康中国"的战略进程中，省、市、区、县四级界别委员中的医务工作者和医疗专家，送健康到社区群众家门口。推动界别委员与居民群众建立医疗帮扶关系，促进医患和谐，为推动"健康哈尔滨"建设发挥带头作用。

南岗区荣市街道下设 10 个社区、燎原街道下设 8 个社区，香坊区黎明街道下设 6 个社区，3 个街道共 30 余万人口，省、市、区界别委员以文化家园社区、荣市社区、格兰云天社区为起点，组织医疗专家进社区与群众建立长期医疗帮扶关系，长期为居民开展医疗惠民诊疗活动。黑龙江省农工党所属的中医研究促进会、市政协委员崔红创办的西苑中医院、南岗区荣市社区卫生服务中心等医疗机构，带医疗科技成果进社区，用 1 年时间，为社区中老年居民免费健康筛查诊疗

1 万例，重点为患眼、耳、骨关节、心脑血管等慢性疾病的困难群众免费治疗 500 例。

2017 年 7 月、8 月仅两个月时间，农工党省委、农工党市委、哈尔滨西苑中医院和荣市社区卫生服务中心筹措资金 64000 余元，免费为社区居民筛查和治疗 970 余人。

崔红、丛慧芳、王晓婷等界别委员深有感触，送医疗文化、医疗知识进家庭、进社区、进村屯，用科学的诊疗方法和技术，为基层群众特别是老年人开展心理咨询与指导，对帮助他们减轻精神压力和医疗负担，树立科学的疾病预防和治疗理念非常有效。

通过开展这项活动，提高了群众身心健康自我调护能力，真正帮助群众实现从"重治疗"到"重预防"的转变，帮助群众提高生命质量，真正为市委、市政府推动城乡基本医疗卫生制度改革助力添彩。

在界别联动过程中，崔红、赵丽委员在工作实践中不断发现问题，提出解决问题的意见建议。应注重整合医疗卫生资源，探索建立省、市与社区医疗资源联合机制，弥补社区医疗力量不足的短板，增强社区医疗服务中心的诊疗能力，引导社区慢性病患者在社区就医，逐步减轻三甲医院的就医压力。

## 送文化 扬正气 共同圆梦

随着人民群众对精神文化需求的日益提高，界别委员以满足群众文化需求为导向，把送文化与种文化相结合，组织文化艺术界别委员中书画、音乐、舞蹈等方面专业人才到街道、乡（镇）、社区、企业、村屯，开展群众性书法、绘画、阅读、音乐、舞蹈等文化活动，让群众在家门口圆"文化梦"。

张翔得、刘钻等20余名省、市、区文化艺术界委员，在文化家园社区的庭院里挥毫泼墨，义务为社区群众写书法、绘画。在两个多小时的时间里，为群众免费创作书画作品百余幅，省、市、区政协文化艺术界委员共为社区群众创作书画作品230余幅，普及音乐、舞蹈知识500余人次。

张翔得、刘钻等委员在实践中感到，应该立足于持续办好文化民生实事，提高社区文化建设水平，通过界别委员们的努力，帮助基层文化发展获得深厚土壤和不竭动力，使群众感受到有去处、有乐趣、有奔头，感受到社会进步。

除了送文化外，界别委员们更注重文化的传播，让文化真正根植到群众心中。省、市、区文化艺术界委员，发挥各自专业特长，教社区居民学书法、绘画、唱歌、跳舞等，培养文化艺术方面爱好。另外，界别委员还把文化艺术方面的人才组织起来，和界别委员们一起到社区为群众传授文化艺术技艺，创作并赠送书法、绘画作品。政协界别委员已带动和培养文化艺术界群众 100 余人，不定期活跃在社区群众中，丰富了群众的文化生活。

## 舒民意　暖民心　凝心聚力

省、市、区政协马继泽、侯坤等 20 余名界别委员组成的政策和法律咨询服务小分队，相继走进文化家园、格兰云天等社区开展活动。居民们，纷纷向委员们咨询有关购房、物业、婚姻法、纠纷、保险等方面的政策和法律问题，委员们都一一耐心解答，直到居民们满意。先后为社区居民提供政策和法律咨询服务 300 余人次。侯坤、赵云龙委员还出资 2 万余元购买《法律要义》200 余册、《公民法律知识手册》500 余册，在活动现场赠送给社区居民。

界别委员冯建滨到社区服务群众时，听到居民反映地铁站内设施和人性化服务不够完善，对乘客、特别是老年人乘客的便利出行造成了一定影响。他立即组织石英等 20 余名委员组成视察组，和地铁办的同志一起到地铁站和车厢开展体验式视察，亲身感受社区居民提出的报站声音、多种语言报站名、服务礼仪、滚梯、出口标识指示、座椅高度、吊环高度、扶杆设计、智能地图查询、车厢内手机信号等方面问题，与地铁办的领导和各岗位工作人员座谈，共同研究协商解决问题。委员提出的问题都陆续得到改进和解决，更重要的是在哈尔滨后续地铁建设中以此为鉴，改进不足、提档升级。哈尔滨电视台以《政协委员献良策，地铁服务更人性》为题做了专题深度报道。冯建滨委员还在活动中提出了《关于建立哈尔滨外侨博物馆的建议》，得到省委常委、市委书记王兆力等4位市级领导批示肯定。

侯坤、马继泽、马龙涛等委员切身参与进界别委员送政策、送法律到街道、乡（镇）、社区群众的活动中，开展政策和法律咨询服务，在活动中做到当好党和政府的政策宣传解读员、法律咨询员、社会稳定减压员、化解社会矛盾调解员。该活动对加强基层民主法治建设，提高公民法律素养，引导和带动群众提升尊法、学法、守法、用法的自觉性和主动性具有积极意义，广泛团结和凝聚社会各界人民群众的智慧和力量，巩固和发展良好的政治局面，助力哈尔滨全面振兴发展。

省、市、区、县四级政协界别委员是怎样凝聚力量，充分发挥专业特长，保持经常性联系互动，履职为民，发挥委员主体作用？界别委员又是用什么样的机制保证联动顺畅，做到上接"天线"，下接"地气"，高标准、高水平地为区域经济社会发展和民生事业做一些实实在在的事情？这些是政协在界别联动实践过程中遇到的一些具体问题。针对这些问题，界别委员在四级联动中进行了有益的尝试和探索，在履职联动实践中给出了答案。

省、市、区、县四级委员以界别为主线，形成界别联通、履职联动、信息联用、资源联享、与民连心、纵向贯通、横向联络、纵横交错、协调一致的界别联动工作新格局。在联动机制上灵活安排，根据活动内容确定某个或多个界别，组成省、市、区、县界别委员活动组，明确组长、副组长、联络员，省、市、区、县同一界别委员互相对接，界别小组组长与街道、乡（镇）政协工作委员会主任、社区主任相互对接，共同搭建界别委员履职联动平台。

政协故事还在继续书写，委员们的每一次调研、讨论、建言献策，都如同璀璨星辰，照亮城市发展的道路。他们用实际行动诠释责任与担当，用更加坚定的步伐为人民谋福祉，用智慧和奉献铸就更加美好的明天。

# 我的委员工作站

王　刚 [①]

　　2022年初，我连任了市政协委员，在两届十年的时光里，我在政协委员的岗位上参政议政，用自己的专长、热情、思考和努力为家乡好发展、快发展、高质量可持续发展贡献自己的智慧和热情。从成为政协委员的那一刻起，我深知自己肩负的职责与使命。在政协这个大家庭中，我结识了许多良师益友，都是各行各业的精英，从他们身上我学到的、得到的、感受到的是对党的忠诚、对事业的执着、对百姓的关爱、对家乡的热爱和对人生的感悟。从他们身上我体会到了一种境界，政协委员是一种责任。2023年9月，我按照政协的要求和部署建立了"王刚政协委员工作站"，我把工作站设在了道里区新时代文明实践中心，这样既可发挥自身的专长，又便于联系界别群众。在履职过程中，我深刻认识到委员工作站是委员联系界别群众的新纽带、反映社情民意的新渠道，也是协商议政的新平台、凝聚共识的新

① 哈尔滨市政协委员，哈尔滨市曲艺家协会副主席兼秘书长

王刚

路径。我们可以从三个方面利用好委员工作站这个平台。

一是将委员工作站打造成"委员之家"。为了充分发挥委员主体作用，突出政协界别特色，我积极推动政协协商与基层协商相衔接，实现了协商活动的常态化，先后举办了多次委员履职座谈会、会议政策学习会，进一步搭建起了协商活动实体化平台。2024 年 4 月 19 日，在委员工作站举办了纪念第 29 个"世界读书日"活动，30 余人参加活动。由我朗读了《习近平谈治国理政》第四卷相关篇章，与大家分享学习心得，就读书、诵读等相关技巧进行了现场交流。侨界基层群众和"韵之声"朗诵艺术团的成员诵读了多篇经典文章、黑龙江艺术职业学院曲艺专业师生还与大家分享了由中国传统文学名著《三国演义》《水浒传》《西游记》而衍生的快板书，多角度、多形式传播优秀中华文化，演绎文学名著魅力。活动期间，还与侨界群众一起参观了

王刚为艺术团开展朗诵艺术培训讲座，助力基层精神文明建设

第一季度"中国好人"杜刚事迹展板，以榜样的事迹进一步激发了委员的工作热情，促进委员不断增长知识、增加智慧、增强本领，凝聚奋进力量。

二是将委员工作站打造成"奋进之家"。2024年5月，为纪念第十一个"中国文艺志愿者服务日"，开展了走进哈西客运站慰问演出活动。在演出之前，我带领大家学习了毛泽东同志《在延安文艺座谈会上的讲话》第一部分和习近平总书记《在文艺工作座谈会上的讲话》第三部分，学习两代领袖的关于文艺工作的讲话精神，使我们更加明确文艺是为人民服务的核心目标。"我们的节日"是工作站成立后开展活动的重要主题，2023年"中秋节"在道里区河江社区、河政社区开展了"传播优秀文化 践行时代文明"主题活动，"重阳节"

在道里区赫郡社区开展慰问老党员活动。2024年6月，我们来到呼兰区腰堡社区开展"我们的节日——大地流彩·助力乡村文化振兴在行动"文艺志愿活动，每项活动中除了与社区群众、侨界群众互动交流之外，我还为社区派去"文艺志愿服务辅导员"，建立起长期共建互动机制，受到了群众的欢迎和好评。

三是将委员工作站打造成"社区之家"。及时了解百姓所急、所需、所盼，发挥侨联界别委员工作站服务基层、服务群众的职能优势。我们先后走进了1个新时代文明实践中心、4个社区、1个城市"窗口单位"，服务群众800余人次，特别是注重活动期间的志愿服务作用，实现服务社会、奉献社会的人生价值，累计志愿服务时长达420个小时。每一次活动，我们都组织市曲艺家协会文艺志愿者以相声、快板、山东快书、变脸等精彩节目，让社区和界别群众在欢乐的氛围中感受优秀传统文化的艺术魅力，进一步拉近了政协委员与基层群众的距离。

担任政协委员期间，我还被评为"全国学雷锋400个100先进典型——最美志愿者""全国优秀归侨侨眷"，还曾当选哈尔滨市第六届"道德模范"。2020年，我光荣地被评为"优秀政协委员"。

在政协的大家庭里，我深深感到政协机关对委员的关心和支持，特别是"工作站"建立以来，政协机关，民宗委、文史委都给予了我极大的支持，每次活动都积极参与，提供具体指导，还帮助协调车辆，做好服务保障。

通过设立"委员工作站"的实践，我深感到肩上的责任、心中的情怀和助力家乡城市发展的初心使命。我想在我的任期中，将继续发挥好"委员工作站"的职能，将"委员工作站"搭建成人民政协服务社会、联系界别的"连心桥"。

# "政协委员"是助我成长的摇篮

王　婧[①]

　　成为政协委员一直是我的一个梦想，2017年我非常荣幸地成为一名政协委员，也圆了我多年的梦。从加入政协委员队伍时就深知，当委员不是待遇，而是一份责任和挑战，特别是在新形势、新任务、新要求面前，怎样切实提高自身履职能力，发好声、传播正能量，为推动经济社会发展作出贡献，是我迈向合格政协委员的必经之路。

　　几年来，在政协各位领导的支持和鼓励下，我重新定位自己的工作目标和标准，把学习和实践结合起来，不断提高自己的调研能力，规范自我的言行，提高自我要求，增强履职尽责能力，政协真真正正成为助我成长的摇篮。

---

[①]　哈尔滨市政协委员，哈尔滨市呼兰区行政服务中心主任

王婧

## "政协委员"为我成长提供动力

珍惜名誉。习近平总书记在全国政协十二届三次全体会议期间，提出了"懂政协、会协商、善议政"的重要思想，这是对新时期政协委员能力素质的基本标准，是履职尽责的根本遵循。我觉得"懂政协"首先是要懂政协委员的分量，所以我特别珍惜政协委员的名誉。政协委员的产生有着严格的把关程序，荣誉来之不易，社会地位很高，既是对个人综合素质的肯定，也是组织对自己的充分信任。所以我格外珍惜委员的身份，自觉肩负起使命和职责，决不能给政协委员这个称号蒙羞。

奉献情怀。我们基层政协委员，是政协组织联系基层群众、了解民生问题、反映百姓呼声的桥梁和纽带。所以从我成为政协委员的那一刻起，我就决定要当好政协委员、发挥好作用，支持人民政协履行职能，让我们把国家建设得更好，早日实现中华民族伟大复兴的中国梦，既是为国为民，也是为自己。

迎接挑战。一方面要面对主观上能力不强、精力不够的挑战，改变自己的行为习惯，调整工作学习的安排，满足履行职责需要。另一方面，也要敢于迎接社会上的各种不理解、不支持、不配合，争取对方的理解，多方了解情况。比如，我们在写提案过程中，涉及问题的部分往往是体现提案价值的关键，多数部门是不愿意提供情况的。但越是不配合越是说明有问题，值得我们深入发现。

## 不断学习，增强履职尽责的本领

作为一名政协委员，我深深懂得政协委员要紧贴国家和地方工作大局，关注大势，建真言、献良策，找准履职尽责的切入点和着力点，但要做到这一点必须具有一定水准的专业知识。因此在我成为一名新委员之后一直在努力加强理论学习，争取由外行变内行，我重点学习了《产业经济学》《区域经济学》《城市经济学》《城市管理学》等书籍，为熟悉政府经济工作和社会管理奠定了一定的理论基础，基本掌握了经济社会运行、管理、发展规律，具备了一定的判断能力。同时勇于和政府相关部门的领导和干部讨论问题。在沟通和讨论问题中增强对实际发展情况的了解，进而磨炼自己的能力。虽然大家都来自不同界别，隔行如隔山，但通过理论准备，再加上做一些必要的功课，就能够缩短与党政部门之间的认知差距，做到互相之间在一个频道上说话。

近些年我围绕党政中心工作，积极从解决经济社会发展的实际问题入手开展专题研究，为党和政府科学决策提出合理化建议，先后针对碳汇经济、生态产业、智慧龙江、农业三减等多项课题开展研究，撰写的提案涉及经济发展、政治建设、民生改善、生态文明等多个领域。

## 开展调研向合格政协委员迈进

在政协委员履职期间，我深刻地领悟到搞好调查研究，不仅是写好提案、建言献策的需要，同时也是政协委员履行好委员职责的一个重要基础。于是近些年，我从不会调研、害怕调研到主动调研、喜欢调研，我觉得不会调研就当不了政协委员。

一是通过调查研究了解实际情况。每个人的生活、工作范围是有限的，如果只局限于自己常规掌握的情况写提案，势必范围受限、情况受限，写不出好提案。只有掌握了调研的基本方法，积极运用，突破常规生活和工作局限，才能让自己抓到好题材，把提案写得更丰满。比如，我写的《秸秆压块低温烘粮　环境保护和农民增收两处受益》调研报告，在哈尔滨政协上发表。这个报告完全是我工作视野之外的内容，就是通过充分的调研之后写的。二是通过调查研究提高能力水平。调研既要到实地了解情况，事前还要做理论准备，参阅大量的文献，做到理论和实际相结合，每一次调研都是一个学习和提高的过程。几年来我每写一个调研报告，就感觉自己成长了一步，自信心就增强了一些。2016 年，我撰写的调研报告《关于在我市开展农村物权抵押融资工作的建议》，虽然也被采用，但仍感觉到自己有一些力不从心，但经过 2017 年几个调研之后，写出的提案就感觉充分和顺畅得多了。2017 年撰写的提案《关于加快哈尔滨新区行政审批制度改革的建议》，被评选为 2017 年度优秀提案。三是通过调查研究写好提案。没有好的调研，就不能写出好的提案。因为不接触实际就发现不了问题，也自然不知道如何推动工作发展。几年来，我写的提案或者征文，都是有比较充分的调研基础。2018 年 5 月 31 日，提案《哈尔滨新区土地使用效率的建议》被市政协社情民意信息采用。提案《建好服务窗口提升服务质量》在 2018 年 6 月 21 日被《哈尔滨日报》刊登。2018 年 9 月接受了哈尔滨电视台《都市零距离》进行的关于"健全政务服务机制 优化我市营商环境"专访。

通过这些年的工作和实践，我深深地热爱政协这个充满正能量的组织，同时组织也让我得到了锻炼和成长。近年来，我撰写的提案信息被省市采用 20 多篇，领导批示的调研报告近 10 篇。《关于我市培育新型农业经营主体的建议》被市政协列为重点提案。参与撰写的《关于推进垃圾分类处理的几点建议》得到省长王文涛的批示，并在政协哈尔滨市第十三届委员会第四次会议作了《高质量高标准推进城市生活垃圾分类工作》大会发言。《关于深入推进农业供给侧结构性改革 着力提升我国农产品竞争力的建议》《关于提高我省重点产业园区土地使用效率的建议》等提案均得到市领导和专家的高度评价。

政协委员这个身份使我开阔了眼界、增长了才干、学到了知识、结交了朋友、发挥了能力，在履职尽责的同时，以服务区域经济为己任，为企业提供热情高效服务，多年来得到了社会各界的充分赞扬，也得到了区委、区政府的好评。"淡泊以明志、清廉以正风"，在今后的工作中，我会沿着人民政协为我铺就的基石，一直践行着敢于担当、为民服务、人民满意的工匠承诺。

# 用心用情写好"委员答卷"

王 瑞[①]

我叫王瑞，中共党员，哈尔滨市政协委员，研究员级高级工程师，现任黑龙江省建工集团副总经理，兼黑龙江省五建建筑工程有限责任公司党委书记、董事长、总经理。曾荣获黑龙江省"五一劳动奖"奖章、哈尔滨市第三十七届"劳动模范"。

近10年政协委员的履职经历，让我真切地认识到，政协虽然不是权力部门，但所有政协委员身上所蕴含和体现出来的那份执着、那份真情和那份为国为民的真心，一直深深打动着我、感染着我、激励着我，让我始终不忘初心，砥砺前行，坚守岗位，认真履职尽责。

---

① 哈尔滨市政协委员，黑龙江省建工集团副总经理（兼）黑龙江省五建公司党委书记、董事长、总经理

王瑞

## 作为龙江建设者，就要积极为龙江振兴献计献策

"参政要参到点子上，议政要议到关键处"，这是我对自己确定的标准和要求。为了做到这一点，我坚持加强学习，开阔视野，努力提升思维层次，因为我觉得只有这样，才能让自己提出有价值的议案；同时，我注重把参政议政与自己的业务范围、本职工作有效融合，始终将目光聚焦在促进地方经济发展、满足百姓现实需求和解决群众所思所想所盼上。

自 2017 年参加香坊区政协组织的"井冈山培训班"学习之后，让我意识到加强学习对于政协委员的重要性。为此我充分利用好"学习强国"、公众号、短视频等平台，充分利用碎片化时间，坚持对党的创新理论、各类法规政策和各种新知识进行学习和积累，积极参加政协组织的各种培训，不断提升自己的综合能力素质。功夫不负有心人，2019年我第一次参加"人民政协理论与实践研究主题征文"活动时撰写的《70载栉风沐雨薪火相传　70载砥砺奋进继往开来——纪念人民政协成立70周年》荣获了优秀奖。

在这么多年的履职过程中，我内心坚持的一点就是，政协委员就是要想尽办法说得对、说得有"提前量"、说得准，这才是政协委员要用力的地方。身为龙江企业的负责人，我坚持站在振兴龙江经济大局上来深入思考问题，积极建言献策。2022年撰写的人民建议《关于我省国有建筑企业加快参与俄远东建设开发的对策建议》由黑龙江省人民建议办公室转省商务厅研究使用，并荣获"全省人民建议有奖征集活动"三等奖；根据国际形势不断发展变化，结合我省具体情况撰写的舆情专报《借冬奥契机加快我省与俄远东冰雪体育运动合作发展对策建议》和《俄远东符拉迪沃斯托克卫星城建造构想及对我省的启示建议》获得了省委、省政府主要领导的批示。2024年初，随着冰雪大世界火爆出圈，我又及时提出了《关于重视冰雪建筑新工艺　助力冰雪经济的建议》，助力龙江进一步创建世界级冰雪旅游度假区和冰雪经济高地。此建议被市政协采纳后，及时转给了冰雪大世界园区，目前正在组织落实。

同时，我还尽可能去提一些平常不太好做、人们关注也不多，但却又十分重要的问题。作为香坊区政协法制委委员时我就关注到，因为受基层司法力量比较薄弱、工作人员积极性不高、相关部门工作配合衔接不够密切等因素影响，社区矫正工作的效果一直不够理想，为此我撰写了《关于我区社区矫正工作的调研报告》，正视存在问题，大胆提出建议，受到了相关部门的高度重视，有效促进了香坊区社区矫正工作的规范发展，当年被香坊区评为"优秀调研报告"。2022年我撰写的《关于进一步搞好统筹规划不断提高老旧小区改造质量的建议》和《关于融合区内对俄合作资源，促进对俄产业发展的建议》被列为"香坊区政协好提案目录"，我个人被评为2022年"香坊区政协帮扶困难群众公益之星"。

作为政协委员，就应该踏实做点事，事不在大而在实。

几年来，无论是参加香坊区委组织的公益活动，还是进行一对一帮扶工作，我的想法就是，能做什么就尽量做好什么，事不在大小，都要做好做实，尽自己最大能力为普通百姓提供帮助。每年3月，我都按照区委的统一安排，包片到户，把慰问金、慰问品送到帮扶对象手中；节假日，我经常与香坊区政协法制委的同志一起，走上街头宣传普及法律知识，为百姓提供法律咨询服务；2020年初，在新冠肺炎疫情大暴发的特殊时期，我第一时间冲到抗疫前线，主动献血、下沉社区、分发抗疫物资、在卡点值班执勤，先后多次为疫区捐款捐物，积极传递社会正能量。

做政协委员时间久了，让我感到一个人的力量是微薄的，只有努力汇集更多人的力量才能帮助更多的人，不能仅仅做一支燃烧自己的蜡烛，更要成为一盏引领航向的灯塔，让自己的行为影响和带动更多的人。就在这时，省五建公司成立，上级领导要我"挑头"，虽然我知道自己接手的是一个无人员、无经费、无办公场所、无项目和名气低、士气低的"四无两低"不被人看好的企业，但我还是毅然选择挑起这个担子。

"只有心里始终装着人民，人民才会把你放在心上"，我时常这样提醒自己和身边人，"一定要把职工的家事儿、难事儿、愁事儿当大事儿"。我与公司领导班子同志认真研究，积极传承建工集团"守正创新　坚韧向上"的企业精神，结合五建公司特点，深入开展"五建一家"家文化建设，将公司视为"大家庭"，将职工视为"一家人"，坚持与职工平等相待、真诚对待、真心相处。及时为公司机关办公室安装空调，改善工作环境，为职工增加薪酬，并一次性筹措372万元，解决了积压近30年、总额高达1368万余元的企业历史陈欠问题。为使人间大爱得到传播，我在公司带头营造热心公益活动的浓厚氛围，冬季组织员工走上街头清理冰雪，帮助老旧社区清理小广告，"3·5学雷锋日"帮助困难居民打扫卫生。特别是每年中考、高考期间，我都亲自组织公司干部职工积极参加"龙广电台"开展的"爱心送考"活动，免费为需要接送的考生提供服务，而这一送就是5年，现在这项活动已经成为公司的一个"传统"。这些虽是小事，但暖了人心，聚了正气，激发了员工的干劲，也塑造出了五建公司国企担当的良好形象。

## 作为国企带头人，就要不忘初心，敢于担当尽责

作为政协委员，不仅要胸怀全局，前瞻谋划，积极建言献策"说得好"，更要为地方经济建设发展身体力行，率先垂范"干得好"。

我出生于吉林省梨树市农村的一个普通家庭，2023年毕业后就被分配到建工集团，从技术员一直干到五建公司董事长、总经理，一路走来，始终坚持以匠人匠心打造精品工程，先后参与负责过多类工程和多个项目的建设，个人的业务水平不断精进，也建成了很多惠及民生的优质工程。但我深知自己的每一步成长都得益于国企这个平台以

及组织的培养，我一直心怀感恩，并时时提醒自己要知恩图报。

前几年房建市场十分火爆，有能力有技术懂管理的人才更是稀缺，在我2019年接手一穷二白的五建公司时，北京有家大公司开出百万年薪，希望我过去试试。但我始终觉得，人不能钻到钱眼里去，特别是作为党员、作为组织培养起来的干部，必须有胸怀、有担当，在组织需要的时候要勇敢地站出来。在龙江推进改革振兴发展正在用人的时候，不能因为自己翅膀硬了就飞向"高枝儿"，要用赤胆忠心回报养育我的这片热土。

我到省五建公司走马上任后，率领大家艰苦奋斗，一步一个脚印，在我的影响和带动下，公司的人气儿越来越高，公司由当初的二十几人发展到了200多人。大家团结一心、实干苦干，公司发展一年一个样，5年大变样，从当初借钱发工资，到如今账面余额1亿多

王瑞在一线指导工作

元；公司资质从当初仅有 1 项资质升级拓展到现在有近 30 项资质；经营项目从单一房建拓展到地铁、市政工程、园林绿化、新能源、绿色建筑、公路智能化、矿山治理、机场跑道等多个领域，承建了省"百大项目"七台河江河融合污水处理厂、长春市地铁 6 号线等一批规模大、效益好、惠及民生的重点项目。公司也先后荣获"AAA 级黑龙江省建筑业信用企业"、黑龙江省工程建设"30 强企业"、哈尔滨市建筑施工"二十佳"企业等荣誉称号，被授予国家高新技术企业。

在为龙江经济发展作出微薄贡献的同时，组织也给了我很多荣誉。我曾带领团队，先后荣获"全国工人先锋号"，共青团中央、国家安全监管总局"全国青年安全生产示范岗""黑龙江省五四青年集体奖"等。我个人曾荣获国资委党委授予的"优秀共产党员"，在建党 70 周年的光辉日子，被建投集团党委评为"优秀共产党员"，2023 年荣获黑龙江省"五一劳动奖"奖章，2024 年 3 月我又光荣当选为哈尔滨市政协委员，并被评为享受省政府特殊津贴人员。在经济上我可能失去了一些东西，但在政治上我收获了很多，特别是能为龙江的经济发展、哈尔滨的城市建设作点自己的贡献，我对自己的选择无怨无悔。

现在我已经迈入了不惑之年，回望走过的路，我可以十分自豪地说：在政协委员这个岗位，有时候也会觉得压力很大，但我累并快乐着。在今后的日子里，我会继续努力，以高度的责任心和强烈的使命感，建睿智之言、进坦诚之谏，积极投身到建设"六个龙江"、推进"八个振兴"中，不愧对组织对我的信任！

# 探寻一片艾叶的传奇密码

## ——市政协委员赴蕲春县考察蕲艾产业

翁长江[①]

### "蕲艾"的故事

人类使用艾草可以追溯到三万年前。三万年前，南召古人举冰取火，引燃物中就有艾草的绒。自此，艾草进入了人们的生活。《说文解字》对艾的解释是"从草从义，收割草药"。中国古代的典籍中不乏艾的身影，《庄子·离娄篇》中有"七年之病，求三年之艾"。无论是《黄帝内经》《伤寒论》，还是《食疗本草》和《名医别录》，都有艾的记载。

古人不仅拿艾取火，用艾治病，还用艾来占卜，预测兵事是否顺利。

《诗经》云："彼采艾兮，一日不见，如三岁兮！"记述了采摘艾草的农事。

---

① 哈尔滨市政协委员，中国农业科学院哈尔滨兽医研究所三级研究员

翁长江

《离骚》曰："户服艾以盈要兮，谓幽兰其不可佩。"可见古人就有佩戴艾草的习俗。

我们小时候就知道，蕲春有四宝：蕲蛇、蕲龟、蕲竹和蕲艾。蕲艾也叫蕲州艾，艾叶有九尖。尽管医书上很早就记述了蕲艾的功能，我们熟知的就是给新生儿洗澡，给产妇消炎护理功效。端午节期间家家门上或窗台上会插一小把艾草，说是辟邪之用。最常见的药用就是当小孩肠胃不舒服时，家长出门找来几根艾草，从顶部摘下几片新鲜的叶子，用手指一搓，产生了一个香气四溢的小球，小孩吞服下去后，肠胃病就好了一大半。到了夏天，艾草叶被我们割回来晒干，成为夜晚熏蚊子的药草，民间有"一把菖蒲一把艾，我把蚊蝇驱门外"的说法。秋天，家家都会去野地里割几捆回来，晒干捆好。但凡有个发烧感冒，抑或淋了雨，找出几棵带叶的艾草，放在开水里煮，用艾草水洗澡或洗脚后出一身汗就轻松许多。

## 蕲艾飘香季：政协委员蕲春行

2023年寒假，我的乡镇党委书记妹夫给我介绍说，蕲春县利用"李时珍"品牌，将一棵艾草"蕲艾"发展成百亿产业，已经成为"当代科技的神话"，开始我还不相信，后来经多方求证，确认了此事。曾经不值一文的艾草，竟让蕲春人民做成了百亿产业，真是壮哉！

恰逢哈尔滨提出生物医药产业化规划，随后我在哈尔滨市政协会议上介绍了蕲艾及蕲艾产业。这引起了很多政协委员的兴趣，为了学习并借鉴蕲春县医药产业发展的先进经验，深入了解蕲艾等医药产业发展现状、政策支持和科技成果转化等方面的做法和成效，为哈尔滨市生物医药产业的发展提供新的思路，2024年5月24日至26日，我同市政协科技界别委员李波、蔡雪辉及界别群众李艳华4人在蕲春县政协党组成员、秘书长高鸿彬和县政协民宗委主任华喜宏等陪同下，先后参观了蕲艾和中草药种植基地初加工或深加工企业、商业化企业，考察了蕲春蕲艾文化节和营商环境与药物（包括中草药）交易平台。考察后，我们感叹道，蕲春县生物医药产业的发展真是又快又好。

随后，我们参加了"蕲艾文化节"才得知，"一片艾叶，早已温暖了世界"。

## 实地考察蕲艾种植基地初加工或深加工企业

25 日上午，我们首先对湖北艾师傅科技有限公司进行了考察，不仅考察了蕲艾新品种种植基地，仔细询问该公司培养的蕲黄 1 号和蕲青 1 号的新品种生长特性和推广情况，还参观了该公司相关产品的研发和生产过程。其古法制艾的工艺及其专利技术引起我们的极大兴趣。

25 日下午，我们一行抵达中农华威公司考察，主要考察企业生存和发展环境。

中农华威制药股份有限公司，1998 年成立于北京，是国家高新技术企业。2021 年，该企业将其总部迁到药圣李时珍故里——湖北蕲春县，在县政府的帮助下，公司建成了中农华威生物医药健康产业园，占地 400 亩，建筑面积 19.4 万平方米，并迅速成长为湖北省专精特新"小巨人"企业。

蕲春县招商局领导刘云飞介绍："蕲春县已经形成了大健康产业园。中农华威落户蕲春后，享受湖北省和蕲春县的优惠政策，不到三年的时间就按照国家新版兽药 GMP 实施要求，建成 12 条标准化、数字化生产线，同时还建成添加剂预混合饲料等 3 条饲料添加剂生产线"。

目前蕲春县与蕲艾相关的企业有 500 多家，总产值 130 亿元，这些企业落户蕲春后都得到了优惠政策的支持，一部分企业成功上市，已经形成了蕲春县大健康产业园，每年都有招商指南发布，形成了"时珍故里""中国艾都"的品牌连锁效应。

随后，我们参观了李时珍医药集团。这是纪念李时珍诞辰 506 周

翁长江等深入企业考察企业生存和发展环境

年暨第八届李时珍中医药文化寻根之旅的地点之一，这里记录了几代台湾企业家如何将李时珍集团做大做强的故事，也是蕲春人礼貌待客，成就著名企业的佳话。

## 考察蕲艾文化环境

蕲春县有四张名片："时珍故里""王府圣地""教授名县"和"中国艾都"。

5月26日一大早，高鸿彬秘书长和华喜宏主任带我们去蕲州镇参观李时珍纪念馆、荆王府感受"教授名县"的文化环境。高鸿彬介绍说，蕲春，古称蕲阳、蕲州，是全国唯一一个以中药命名的县，也是明代伟大医药家李时珍的故乡。李时珍所编著的《本草纲目》被誉为"东方医药巨典。"

在李时珍纪念馆，我们参观了木草碑廊，这条碑廊由刻有一些药用植物的石碑和草本组成，一边是石碑图，一边是活的草木，相映成趣。随后我们参观了李时珍生平馆、药物馆、百草园和李时珍墓。在李时珍生平馆，华主任详细介绍了李时珍写作《本草纲目》的时代背景及蕲春县政府如何利用和挖掘"医药文化基因"的举措。

在李时珍墓地附近，一群人正在为第二天的祭拜大典做准备工作。"这也是蕲艾文化节的一部分"，华主任介绍说。

随后我们参观了荆王府、赤龙湖文化公园和蕲春艾灸馆，无论走到哪里，5月的蕲春处处艾草飘香，田间地头到处是艾草。村头巷尾，即使年迈的老人也参与了艾草的种植、收获、开发和健康养生等环节。全县人民都如此，上下一心才有蕲艾130亿元的业绩。

## 参观蕲艾文化节

蕲春有很多名牌资源，有世界级的品牌李时珍和《本草纲目》，有国家级文化品牌蕲春艾灸疗法和李时珍纪念馆。蕲春县中药材产业资源发达，有地道的中药材品种近300种，蕲艾和夏枯草是地理标志性产品。

在我们访问期间，恰逢蕲春县举办蕲艾文化节。26日上午，我们有幸受邀参加了蕲艾文化节开幕式，有三位县委常委会见了我们代表团一行。他们给我们讲解了蕲春是如何借鉴外地经验，时不我待，绘制"蕲艾产业"发展蓝图的。以前蕲春县还是黄冈地区的"贫困县"，现在已经甩掉了贫困县的帽子，成为湖北省利用科技发展新产业的"排头兵"。

2012年蕲春县党政代表团赴贵州参加中医药博览会，深受启发，提出复活"李时珍"，开发蕲艾产业发展的思路。在国家政策和湖北省政府的支持下，黄冈市蕲春人行动起来，蕲艾被评为了国家地理标志保护产品，将蕲艾列入了《"一带一路"中医药发展规划》，授予蕲春县"中国艾都"称号。为了发展蕲艾产业，蕲春针灸疗法入选了国家级非物质文化遗产名录，蕲春针灸师被列入国家级劳务品牌。蕲春县更是成立了蕲艾产业链工作专班，出台了《关于加快发展蕲艾产业的意见》，在全县范围内推进蕲艾产业发展。现在在全县发展中药材种植基地30万亩，其中蕲艾种植基地20万亩。建立蕲艾加工产业园有500多家，研发蕲艾产品18系列1000多个品种，注册商标近7000个。

为支持蕲艾产业发展，蕲春县先后主办了李时珍中药材交易会和蕲艾文化节，已经连续举办30届中药材交易会和七届蕲艾文化节。为了做好新产品开发，蕲春县与全国30多所高等院校、科研院所的300多名专家教授建立战略合作。与湖北中医药大学等科研院所合作推动建立蕲艾产业技术研究院，创建国家级创新平台。

为配合蕲艾产业，先后实施了艾健康"千家万户"、蕲春艾灸馆"千城万店"和蕲春针灸师"千军万马"的计划。以蕲艾产业突破性发展，推动大健康产业出圈出海。已经形成了湖北李时珍中药材专业市场、李时珍中药材交易中心、蕲春中药材物流基地三大交易平台。

为了监管产品的质量，他们编印和执行了蕲艾产业标准体系。细微处见真功夫。为了扩大蕲艾的影响，宣传蕲艾文化，编制了《蕲艾的前世今生》《蕲艾产业发展大事记》和《蕲艾产业技术创新成果汇编》等一系列书籍，大力宣传蕲艾文化。

党的二十大报告中指出，"推进健康中国建设，把保障人民健康放在优先发展的战略地位""促进中医药传承创新发展"。湖北省党代会提出了"推进中医药强省建设，创建中医药湖北品牌，突破性发展生命健康 5 大万亿产业集群"的宏伟蓝图。蕲春人更来劲了，他们的愿景是：2030 年品牌价值突破 300 亿元，产值过千亿。

## 考察的收获与思考

这是我参加政协以来的首次出访，这一过程中哈尔滨市政协与蕲春县政协提前进行了很好的沟通，李波、蔡雪辉委员做了大量考察前的沟通工作，保证了考察顺利进行。

一株小艾草引爆了健康大浪潮，不能不引起我们的思考。

大家都十分珍惜这次外出学习的机会，回来后及时总结了《关于湖北省蕲春县科技成果转化和产业化工作情况调研报告》，总结了蕲春县如何利用李时珍品牌效应，将一株"蕲艾"发展成百亿产业的先进经验，具体包括以下五点：一是蕲春县政府大力弘扬蕲艾和李时珍文化，提升品牌影响力；二是蕲春县政府注重科技赋能，推动中药成果的孵化和产业化；三是蕲春县政府着力顶层设计，为中药成果产业化提供政策保障；四是蕲春县政府强化中药产业链的延链补链强链，打造产业集群；五是蕲春县政府积极发挥龙头企业的带头作用，提高中药成果的转化速度。这将为哈尔滨市生物医药的发展提供新的思路。

# 在政协履职工作的路上

徐福志[①]

2017 年，我很荣幸被哈尔滨市科学技术协会推荐为政协哈尔滨市第十三届委员会委员（农业界别委员）。从成为政协委员那一刻起，我深感自己肩负的职责和使命。在政协这个大家庭中结识了各行各业的精英，从他们身上学到的、得到的是对党的忠诚，对人生的感悟。作为农业界别委员的我，同时也是一名"三农人"，我坚持把做好本职工作与履行委员职责结合起来，牢记"国之大者"，守住粮食安全底线，持续增强粮食安全保障能力，加快打造优质品牌，推动我市粮食产业提速发展，聚焦粮食工作中的难点问题，运用政协平台优势，在认真履职中发挥自己的"智"与"力"，为哈尔滨市新型农业发展贡献应有的力量而努力。

---

[①] 哈尔滨市政协委员，哈尔滨市农村专业技术联合会会长

徐福志

## 直播水稻新技术为农友排忧解难

为扎实推进党史学习教育，深入开展"我为群众办实事"实践活动，2021年6月27日至29日，市政协农业和农村委员会组织开展"我为群众办实事"线上技能培训，计划通过开展"政协委员：我为群众办实事"线上技能培训，为部分乡镇、村屯提供师资培训、农业技术支援和咨询服务，逐步建立农业技能培训长效机制，实现技术支持10个合作社，培训百名科技带头人，推广10万亩"水稻三减一增栽培技术"科技示范田目标。他们邀请我在快手直播间"老徐论稻"为水稻种植户开展线上水稻田间管理技能培训。

在"老徐论稻"直播间，我先后讲解了五优稻4号（稻花香2号）抗倒伏与稻曲病综合防治技术、水稻中后期管理思路和技术要点，并

2024 年徐福志深入延寿县寿山乡农户田间进行指导

邀请了 2020 年"水稻三减一增栽培技术"受益科技示范户、社团群体进行经验、技术分享。其间，我还号召业内人士组建"政协委员：我为群众办实事"微信群，为水稻种植户解答水稻技术疑难问题。

## 跟随农业农村委去调研

2022 年 8 月 18 日，我随市政协农业农村委，参加"高标准农田建设实施情况专题调研"。两天时间先后调研了阿城区、宾县和方正县，听取了地方主管领导对高标准农田建设实施情况的汇报。市农业农村局、市水务局专家对相关情况作了典型的总结发言。基本建设解决了农田秋季雨水大，普通泥路面收地难的问题，水田地水渠畅通不堵水的难题。

## 发挥委员优势推动科技兴农

2024年4月，我联系了延寿县科学技术协会，组成了农业科普小组深入延寿县加信镇、中和镇等6个乡镇10多个村，走进田间地头，开展田间课堂科技志愿服务活动，为当地水稻种植户在水稻育秧过程中遇到的实际问题进行了现场科普。

科普小组走进育秧大棚，与水稻种植户面对面交流，详细了解当前水稻育秧过程中遇到的实际问题。针对当前水稻育秧中存在的播种量过大、摆盘不实、撒膜晚、浇水过勤、用药时间掌握不好、通风不好、无纺布盖反烤苗等7个方面问题，科普小组充分发挥专业技术优势，为水稻种植户进行一一解答，受到当地农民的一致好评。

通过近8年的履职工作与实践，我已深深地热爱上政协这个充满正能量的组织，在这个大家庭里，我学习到了新知识、结识了新朋友，发挥了自己的优势服务好"三农"。人民政协为人民，政协委员为群众。我会不辱使命，继续履职尽责，为我市农业发展贡献自己的一分力量。

# 我的思考与行动

姚 祎[1]

作为一名土生土长的哈尔滨人，有幸当选为哈尔滨市政协委员，我深感责任重大、使命光荣。政协工作具有重要意义和深远影响。在参与政协工作的过程中，我不仅见证了众多关乎民生福祉的提案得到落实，也亲身经历了为推动社会发展建言献策的艰辛与喜悦。

1948 年，在解放战争节节胜利的形势下，中共中央发布了"五一口号"，提出召开政治协商会议、成立民主联合政府的号召，得到各民主党派、人民团体和无党派人士的热烈响应。当年秋天，在哈尔滨马迭尔宾馆，中共中央代表与各民主党派、无党派人士就筹备新政协的相关事宜进行了深入的讨论和协商。

马迭尔宾馆，这座具有百年历史的建筑，在那个特殊的时期，成了各方代表会聚一堂、共商国是的重要场所。它见证了中国共产党与

---

① 哈尔滨市政协委员，黑龙江中勖机电科技发展有限公司自媒体运营总监

姚祎

各民主党派、无党派人士为建立新中国而携手努力的历史进程，也见证了中国政治协商制度的萌芽与发展。

这段历史不仅是哈尔滨的骄傲，更是中国民主政治发展的重要里程碑。它让我们看到了在中国共产党的领导下，各界力量团结一心，为实现国家独立、民族解放和人民幸福而共同奋斗的坚定决心。

每当想起这段历史，我都倍感自豪，这座城市承载着如此厚重的历史，同时也激励着我更加积极地投身到政协工作中，为人民发声，为社会谋福祉，为家乡的发展贡献自己的力量。

我作为哈尔滨市政协委员，同时也是南岗区政协委员，具有祖籍台湾的身份。身份的多元让我能从更多的视角去观察社会，去发现问题，去思考解决之道。在政协工作的历程中，我积极参政议政，提交了多份提案，努力为改善民生、推动社会进步贡献自己的智慧。这些提案涵盖了社会生活的多个方面，旨在解决人民群众关心的热点、难点问题。

《关于加强外卖食品安全监管问题的建议》是我提交的提案之一。随着互联网的飞速发展，外卖行业日益繁荣，但随之而来的食品安全问题也日益凸显。一些外卖商家为了追求利润，在食品制作过程中存在卫生条件不达标、使用过期食材等问题，给消费者的健康带来了潜在威胁。为了加强外卖食品安全监管，我建议建立严格的外卖商家准入制度，加强对外卖平台的监督管理，并要求平台对入驻商家进行严格的资质审核和实地考察。同时，建议加大对违规商家的处罚力度，提高违法成本，让商家不敢触碰食品安全的红线。此外，还应加强食品安全宣传教育，提高消费者的自我保护意识，鼓励消费者对发现的食品安全问题进行举报投诉。

《关于我市应对冻雨极端天气的提案》也是我关注的重点之一。我市地处北方，冬季气候寒冷，冻雨等极端天气近年时有发生。冻雨不仅会给道路交通带来严重影响，导致交通事故频发，还会对电力、通信等基础设施造成损害，影响居民的正常生活。为了有效应对冻雨等极端天气，我建议建立健全极端天气预警机制，加强气象监测和预报能力，提前发布预警信息，让市民能够做好充分的防范准备。同时，建议加大对城市基础设施的维护和改造力度，种植更符合本地区的植物，提高道路、桥梁等设施的抗冻能力。此外，还应制定完善的应急救援预案，加强应急救援队伍建设，确保在极端天气发生时能够迅速、有效地开展救援工作，保障人民群众的生命财产安全。

《关于应对健身房"圈钱跑路"造成不良后果的解决办法的意见建议》是针对当前健身行业出现的一些乱象提出的。近年来，随着人们健康意识的提高，越来越多的人选择到健身房锻炼。然而，一些不良商家却利用消费者的信任，收取高额会员费后"圈钱跑路"，给消费者造成了巨大的经济损失。为了解决这一问题，我建议加强对健身行业的监管，建立健全健身房的市场准入和退出机制，规范健身房的经营行为。同时，推行健身行业的预付费资金监管制度，要求健身房将收取的预付费资金存入指定的监管账户，按照消费者的消费进度逐步解冻资金，防止商家挪用资金或卷款跑路。此外，还应加强对消费者的权益保护宣传，提高消费者的风险防范意识，引导消费者选择信誉良好、经营规范的健身房。

《关于促进黑龙江省农产品高质量发展的提案》则是我撰写的着眼于我省农业长远发展的提案。黑龙江作为农业大省，农产品资源丰富，但在农产品质量和品牌建设方面还存在一些不足。为了促进黑龙江省农产品高质量发展，我建议加大对农业科技的投入，推广先进的种植、养殖技术，提高农产品的产量和质量。加强农产品质量安全监管，建立完

2022 年 8 月，姚祎等人赴五常等地就粮食问题进行调研

善的农产品质量追溯体系，让消费者能够放心购买黑龙江的农产品。同时，注重农产品品牌建设，打造一批具有黑龙江特色的知名农产品品牌，提高农产品的市场竞争力。此外，还应加强农产品流通体系建设，拓宽农产品销售渠道，促进农产品的产销对接，增加农民收入。

回顾这些提案的提出过程，每一个提案都经过了我深入的调研和思考。作为政协委员，我深知责任重大，不仅要善于发现问题，更要提出切实可行的解决方案。在撰写提案的过程中，我深入基层，与群众交流，倾听他们的呼声和诉求；查阅大量资料，了解相关政策法规和行业发展动态；与专家学者、相关部门负责人进行沟通探讨，寻求专业的意见和建议。经过与相关部门的共同努力，一些提案已经取得了初步的成效。

每一次参加政协的会议和活动，都是一次思想的碰撞和交流。在这里，我结识了许多志同道合的朋友，大家怀着对家乡的热爱和对人民的责任感，积极建言献策。我们相互学习、相互启发，共同为哈尔滨的发展出谋划策。

在未来的工作中，我将继续不忘初心、牢记使命，以更加饱满的热情和更加严谨的态度履行好一名政协委员的职责。我将更加密切地关注社会热点、难点问题，深入开展调研，不断提高提案的质量和水平。同时，我也将积极参与政协组织的各项活动，加强与各界人士的联系和合作，为推动哈尔滨的经济发展、社会进步和民生改善贡献自己的力量。

我相信，只要我们每一位政协委员都能够认真履职、积极作为，就一定能够汇聚起强大的正能量，共同书写哈尔滨更加美好的明天，让政协的光芒在这片土地上绽放得更加绚烂！让我们携手共进，书写更加精彩的政协故事！

# 我的政协故事

## ——从群众中来，到群众中去

于新龙[1]

我对"人民政协"的启蒙和了解来自爷爷的讲述。我的爷爷是哈轴建厂时的老工人，老党员。记忆里的爷爷总是戴着老花镜，坐在红皮折叠椅上，拿着《人民日报》、党报和厂报看个不停，奶奶总说他是"操不完的心，一辈子吃苦受累的命"，他却只是笑着不说话。于是我指着报纸问他："爷爷，什么是政协？"他笑着说："就是发扬民主，大家一起协商，为老百姓办实事的地方。"彼时我不是很理解他，也不是很理解他口中的民主，直到他第一次走丢。年近八旬的爷爷身患阿尔茨海默病多年，家里人已经都认不全了，可是突然有一天自己出门走丢了，当焦急万分的我们在通乡商店附近找到他的时候，他只是一直重复着："我要交党费，我要取党报，这里怎么都变了……"那一刻我才知道很多事情他都可能会忘记，但是国家和党永远在他心中不曾磨灭，他的一生都在坚持着他的理想和信念，他的这颗追求民

---

① 哈尔滨市政协委员，哈尔滨市高强玻璃钢有限公司董事长

于新龙

主和实现幸福生活的红心永远在跳动。

遵照爷爷的教诲，我 2005 年留学回国以后，便一直投身于复合材料产业发展工作中。因为我觉得实体经济才是全面建设社会主义现代化国家的重要基石，而复合材料产业在国家安全和国民经济中具有关键作用，以复合材料为主的新材料更是在航空航天、汽车、建筑、体育器材等领域具有广泛的应用场景。近 20 年，我将自己的全部精力和热情都投入到民营企业发展中，因为我坚信我们创造的产品可以改变世界，我们的劳动成果也是看得见、摸得着的。就像罗曼·罗兰说："要散布阳光到别人的心里，先得自己心里有阳光。"正是这份坚定和执着，让我看到了复合材料产业蓬勃发展的今天，也有更多的同行者一起奋勇前行。

然而在实现个人和企业价值的同时，我越来越急切地渴望能够实现自己的社会价值。通过加入中国民主同盟，为我的人生打开了一扇窗，我第一次意识到作为一名党外知识分子也是可以通过参政议政的途径为哈尔滨经济发展和城市建设出谋划策的。于是我结合自己的工作实践和调研成果先后撰写了《关于碳纤维产业哈吉融合发展的建议》《聚焦人才生态 持续优化营商环境》等多篇建议和意见，并获得省市领导批示和省市人民建议办奖励。《关于建设哈尔滨市综合性危化品自动化仓库》的建议受到了哈尔滨市政协的关注，我有幸以特邀专家的身份参加了市政协十四届七次常委会会议，并作了大会发言。这是我第一次参与政协工作，从此也为我的人生又打开了一扇大门。

2024 年 1 月 30 日，我被增补为政协哈尔滨市第十四届委员会委员，时至今日，激动的场景依然历历在目。记得第一次参加市政协社法委小组讨论的时候，便被小组内的各位委员的专业素养和工作能力所折服，他们对于社会热点问题和民生问题均有自己的真知灼见，并且可以开诚布公地进行激烈讨论，没有照本宣科，都是从个人的专业角度进行深度剖析。在会上，我提出了《关于加强社区危化品安全风险管控的建议》，与会委员们的积极响应、分析研讨，会上参加小组讨论的市政府主管部门的采纳和答复，都令我深刻感受到政协委员的称号不仅是一份荣誉，更是一份沉甸甸的责任。政协是我加强政治学习为自我提升的"大课堂"，政协是我以专业知识为人民群众发声的"传声筒"，政协是我参政议政为政府出点子的"连心桥"，政协是我深爱的家。

在此后多次参加政协组织的调研活动、学习培训和会议活动中，我结识了很多良师益友，他们都是行业精英，他们用丰富的专业知

识、严谨的工作态度、无私的奉献精神和澎湃的参政议政激情，深深地感染着我，也让我进一步懂得了如何成为一名合格的政协委员。

同时也让我深深地体会到，我来自人民群众，我的建言就要建在人民群众迫切需要的时候，议政就要议在人民群众渴望的点子上，监督就要监在人民群众聚焦关注的关键处。令我更加触动的是政府各职能部门对政协委员的建议和提案十分重视，均及时予以了答复和采纳。我撰写的《关于加强我市新材料产业技术技能人才培养的建议》获得市工信局、人社局、科技局和市财政局反馈，期间市财政局的负责同志更是来到我公司就提案内容与我展开探讨，座谈时间近 3 个小时。我撰写的《关于教化地道桥下穿通道顶部渗漏问题的建议》也获得了市城管局的及时反馈，并加入现行整改建设项目中。

今天再回想爷爷当初的那份矢志不渝的坚持，才明白在他心里一直坚持着对党毫无保留的忠诚，坚持着对实现幸福生活的追求，坚持着为人民群众谋福祉的信念。也许他一生都只是一个最普通的老百姓，但是他在我心里却是千千万万不屈不挠、拼搏奋进的冰城人的缩影。今后，我要以合格的政协委员标准要求自己，一定要做到"从群众中来，到群众中去"。当我的孩子再问我："爸爸，政协是什么啊？你是做什么的呀？"我会笑着对他说："政协是我的家，我是一名光荣的政协委员，我要为冰城这座美丽的城市奉献我的一切！"

# 职责所在　锲而不舍

## ——在政协履职中践行初心使命

张晓宇①

  2017 年，作为民主党派人士的我，加入了哈尔滨市政协，光荣地成为一名政协委员。当我以一名政协委员的身份第一次参加了政协会议时，我近距离地感受了人民政协，开始进入角色，正式履行一名政协委员的职责和义务。在政协这个大家庭中，会集着各行各业的精英，我结识了许多良师益友，在这个群贤荟萃的大家庭里，我开阔了眼界，扩展了格局。我深深体会到，人民政协在国家和人民群众政治生活中有着重要地位和不可替代的作用，是一个智力密集、视野广阔的组织；是一个以深入调查研究、积极建言献策、反映社情民意为己任的组织；是一个以政治协商、民主监督、参政议政为职能的组织。我也看到，政协委员有着强烈的社会责任感和崇高使命感，大家积极在岗位上建功立业，兢兢业业地履行着委员的职责。2023 年 8 月，市政协经济委领导为我的个人政协委员工作站正式授牌，我深感责任重

---

① 哈尔滨市政协委员，市总商会副会长

2023 年 8 月，张晓宇政协委员工作站揭牌

大、使命光荣。因此我始终坚持以服务全市经济、联系界别群众为宗旨，积极履职尽责。

## 服务经济　促进发展

政协委员的身份不仅仅是荣誉、光环，更是一种责任和义务。从成为政协委员的那一刻起，我就坚定信念，决不能辜负党和人民的厚望，在做好本职工作的基础上，尽最大可能为促进我市经济发展、促进区域发展贡献自己的力量，以实际行动回报社会，无愧于政协委员的称号。

在服务全市经济方面，我们坚持"走出去，引进来"。为了加强省内地市间的合作，我邀请绥化市委统战部领导带队赴哈，签订战略协议建立紧密合作交流关系，成功促成双方企业家在多领域的合作，为两市的经济社会发展注入了新的活力；带领优秀企业家赴安徽亳州、浙江杭州和福建厦门实地开展招商引资活动，介绍我市经济发展情况和招商引资政策，与外省市企业家达成投资意向；学习三地先进的经济发展经验和管理理念，参观多家优秀企业，为我市的经济发展提供了有益的借鉴。

## 深入调研　建言献策

作为一名政协委员，就是要如实反映社情民意，为党委、政府及时了解民情、指导工作提供第一手的资料，这是委员的职责所在，也是群众的期望所在。

在哈尔滨秋林商圈发展调研活动中，我深入实地走访，了解商圈发展现状和存在的问题，为区域经济发展提出建设性意见。

在索菲亚商圈发展座谈会上，我积极建言打通尚志大街透笼街地面过街通道，促进索菲亚商圈与中央大街商圈融合发展并形成旅游经济带；激活政府闲置资产，为今冬旅游再次爆火做好准备。

我多次走访新经济产业园和实践创新基地，与园区企业家深入交流，了解企业发展需求，为他们解决实际困难，为区域经济发展建言献策，并推动了一批项目的落地实施。

我多次参加省、市、区各级优化营商环境座谈会，对破坏营商环境的行为进行反映，对商户和企业提出的有关优化营商环境的意见和建议进行收集，并反馈给主管部门，为我市营商环境的不断优化贡献一分力量。

政协委员这个身份赐予我责任，让我在参政议政的道路上不敢有丝毫懈怠。打铁还需自身硬，委员要知情明政、把握大局、酝酿良策，就必须要加强学习、提升素养。在担任政协委员期间，我认真学习政协有关知识，大量阅读相关报纸、杂志，积极参加各种培训，为能更好地建言献策做好知识储备。

"纸上得来终觉浅，绝知此事要躬行。"只有深入实际，才能真正发现问题，了解群众面临的困难，才能写出高质量、有价值的提案。为此我积极参加社会活动，联系群众，深入调研，建言献策，先后提出了《关于深入推进我市现代农业发展的提案》《关于解决城区道路拥堵问题的提案》《关于完善城市供暖的提案》《关于如何更好落实新限塑令政策的提案》等多篇提案，努力把基层群众的利益诉求通过政协的提案向政府反映，拓宽了人民群众利益诉求的渠道。

## 服务商户　服务百姓

从一次次的政协活动中，我强烈感受到人民群众对社会主义经济发展的迫切愿望，同时也感受到了政协委员们关心社会经济发展、心系百姓福祉的政协情怀，以及他们认真履行政治协商、民主监督、参政议政职能的新作为。作为政协委员，我本着人民群众无小事的态度，认真听取群众的每一丝心声，探求助推社会发展的每一个细节，力求从小处着手，为人民群众解决实事。

为了解决消费者足不出户享受菜市场美食的需求，也为了解决商户因人手不足导致线上运营能力不强的情况，2023 年 8 月，我积极推动建立市场统一的线上外卖平台，整合优质商品资源，在为市民提供更加便捷、丰富的购物体验的同时帮助商户增加销售和利润。同时积极对接城管和环卫部门，协调解决商户外摆经营难题和旅游高峰期垃圾处理问题，为商户提供优质的经营条件，为消费者打造良好的购物环境。

针对小微企业贷款难的问题，我与多家银行沟通，进行统一收款改造并引入商圈贷服务，不需要企业提供抵押物即可获得运营所需资金，有效解决商户资金周转难的问题。

我通过组织对商场从业人员每周进行的系统培训，帮助其提升业务水平和服务能力。为适应新经济条件下线上直播业务和线下实体经济的有机结合，组织助企直播带货培训。

注册资本金由认缴制变为实缴制的政策即将出台，很多企业面临注册资本金如何实缴的问题。为了帮助企业解决此问题，我举办了多场大讲堂活动，邀请专家为企业答疑解惑，帮助企业规避企业经营中的法律风险。

## 参与公益　回馈社会

作为政协委员，要有一份社会责任感和公益慈善之心，积极投身公益事业也是我义不容辞的责任。我积极组织并参与社区志愿服务活动，走进河江社区为困难群众送去米面油等生活必需物资，帮助困难群众解决实际生活困难，为他们送去温暖和关爱；向新华社区捐赠公益活动设施，改善社区环境，满足社区群众的健身娱乐需求，丰富他

2024 年 5 月 29 日，市儿童福利院负责人为张晓宇委员颁发爱心证书

们的精神文化生活；六一儿童节之际，我走进哈尔滨市儿童福利院，看望福利院儿童，并送上关爱物资，让他们感受到来自社会大家庭的温暖和关怀；我积极参与"冰雪同梦 网聚同心"主题沙龙活动，为助力哈尔滨第九届亚冬会的成功举办提供支持和帮助。

## 党建引领 聚力发展

政协委员，是荣誉，更是责任。我要进一步加强学习，以习近平新时代中国特色社会主义思想为指导，不断提高政治思想理论水平，内强素质、外树形象。通过多种途径，深化对中国共产党的认识和理解。

通过实地考察亳州古井集团的党建工作，直观地了解了该企业是如何将党的方针政策融入日常经营中，如何发挥党组织的政治核心作用，促进企业的健康发展，我理解了党建工作的实际意义，今后我也要将这一做法应用到自身的工作或学习中去。

参加党的二十大精神和中国特色社会主义道路培训班，我系统地学习了党的最新理论成果和精神实质。在培训过程中，我对党的历史、现状和未来发展方向等多个方面有了更深刻的理解，加深了对中国特色社会主义道路的理解和认同。同时，这也是一次对党史的深入学习机会，有助于更好地理解中国共产党的初心和使命。参观红色革命圣地，通过革命先烈们的英勇事迹更让我直接感受到他们的崇高精神，激发了内心的爱国情感和报国之志。通过这些活动，参加活动的企业家们都提高了自身的思想政治素质和对党的忠诚度，增强了责任感和使命感，更深刻地认识到中国共产党领导的中国特色社会主义事业的伟大意义和光明前景。

政协工作提高了我的能力，丰富了我的阅历，拓展了我的视野，使我的人生有了质的飞跃，使我能站在城市经济建设的宏观与要点上去把握与探索，去关心身边事、身边人，这必将成为一笔宝贵的精神财富，伴我终生。回顾过往，自己虽做了点滴工作，尽到了一名委员应尽的职责，但这些成绩都与政协的各级领导的指导和各位委员的协作是分不开的。自己依然感觉到工作上还有很多的不足和差距，在以后的工作中，我要继续认真履行政治协商、民主监督、参政议政的职责，以锲而不舍的精神和务实的工作作风，关注民生、了解民情、反映民意，尽自己最大努力为人民政协事业的发展增光添色。

# 参政议政 建言献策
## ——政协委员的价值所在

樊艳红 ①

对于政协的了解，起始于我的学生时代。我所崇敬的老师，也是政协委员。记得每当各级政协召开全会，他们总会去参加会议。在报纸上会出现他们的名字，在电视里也会看到他们的身影。尤其是当他们神圣而庄严地进行投票时，当他们神采飞扬地进行大会发言时，或是他们自豪地谈到提案被采纳时，少年的我总会在心底萌生出一丝憧憬和向往。

樊艳红

① 哈尔滨市政协委员，哈尔滨市群力实验小学校教学主任

## 一、"走近"政协

2004 年，我由于顺老师介绍，加入了中国民主促进会，当时的我只有 28 岁。于顺老师曾是市政协常委、民进市委常委。从此，在民进这个大家庭中，在民进领导的教育和帮助下，在包括于顺老师在内的老一辈会员的言传身教下，开启了我的参政议政之路。

我刚入会时，民进哈尔滨市委会的张显友主委，时任哈尔滨市人民政府副市长，后来任哈尔滨市政协副主席，现任黑龙江省政协副主席。他为人谦和，深具长者之风。我刚涉足参政议政这个领域时，写过几篇建议，有幸被采纳，还得到了市领导的批示。没想到竟然被张主委知道了，并在民进的会议上对我进行了充分肯定。他和蔼而亲切地说："樊艳红是个年轻会员，但她的成长很迅速，这小丫头不错。"我一下愣住了，一是因为我和他从来没有过交往，甚至话都没机会说过一句；二是因为我只是做了一些微不足道的工作，却得到他如此重要的肯定。自此，我便以更加饱满的热情投入到会务活动和参政议政工作中。后来听说，张主委又在几次不同的场合表扬了我。我也在民进组织的鼓励和鞭策下，先后成为民进哈尔滨市道里区小学联合支部主任、民进哈尔滨市道里区总支副主任、道里区政协常委、民进市委委员。

## 二、"走进"政协

2017 年，在民进哈尔滨市委会的推荐下，我成为哈尔滨市政协委员，这一年我 41 岁。在政协领导的组织和指导下，我和众多委员一样，走入基层，调查研究。我尤其关注教育改革、城市建设、民生改善，注重听取专家意见和吸取先进国家和地区的成功经验，针对实际问题，尽可能地研究出切实可行的解决办法，力争提出高质量的提案。

我发现哈市很多社区的物业公司与业主间因物业服务质量问题矛盾突出，经过深入调查研究，我撰写了《关于进一步加强住宅小区物业管理的建议》的提案。在一次市政协召开的座谈会上，我进行了发言。当时，市政协领导也出席了会议。在总结环节，一位领导点评了我的发言，并予以肯定。散会时，他又乐呵呵地鼓励我说："小樊老师，你的发言不错！"我一下子怔在了当场，因为一是没想到我的发言竟然得到了领导的表扬，二是没想到市政协领导竟然这么平易近人。

2018年10月末，在我市，因一个偶发事件掀起了关于教育惩戒权的热议和争论。作为一名教育工作者，我也对这个问题进行了思考。我痛心地看到，教育惩戒权的缺失导致校园失序、学校教师失声、学生心理失衡，校园欺凌现象屡有发生，学生侮辱、殴打老师事件也时有曝光。教育惩戒权问题已经成为一个影响教育发展、社会稳定的问题。2019年，市政协十三届三次会议面向全体委员征集大会

樊艳红带领民进哈市道里小学联合支部会员到庆云希望小学进行"兴教育人"活动

发言。我抱着试试看的想法，在研究了国内外教育惩戒权运用的相关法规案例、查找了大量的资料后，撰写了《实事求是，遵循规律，还教育应有的惩戒权》的提案，交了上去。没想到，这份提案竟被选中了，实在是让我感到惊喜！

我记得，在正式会议开幕之前，相关领导邀请入选大会发言的委员，召开了几次预备会议。第一次预备会议，这位市政协领导也参加了。没想到，他刚刚入座，就亲切地和我打招呼："小樊老师来了，你的稿子我看了，写得不错！"我又是怔在当场，一是没想到领导的记忆力这么好，时隔两年，他竟然还记得我；二是没想到他竟然这么看重我的发言稿。

后来，又召开了几次预备会议，在各位领导和专家的帮助和指导下，我和其他几位委员的发言稿语言逐渐凝练、主题越发突出。这时，我突然想到我少年时代的作为政协委员的老师们，他们当年也应该经历了这样一个不断磨砺、提升的过程。我又想到，我的学生们在镜头中看到我时，会否产生和我当年一样的憧憬和向往。这使我不禁想起了一首歌词：长大后，我就成了你……

市政协十三届三次会议正式开幕了，我如期进行了大会发言。没想到我的发言，引起了巨大的反响。在三次会议期间，有很多委员尽管之前不认识，却自发地来和我讨论教育惩戒权的问题，对于我的发言，大多赞同，也有的反对。我想，不管赞同与否，能够引起社会对教育惩戒权问题的深入思考，就是一个政协委员的价值所在。这篇大会发言，后来被许多媒体转载。哈尔滨市政协副主席、民进哈尔滨市委会主委袁德柱也高兴地鼓励我："小樊主任，好好干，要多为民进争光！"那一刻，我诚惶诚恐，我何德何能，何谈为民进争光？

## 三、"走出"政协

过了将近一年，有一天市教育局突然通知我去开一个座谈会，说是陈远飞副市长点名让我去的。通知我的学校领导感到非常惊讶，我也莫名其妙，因为我与陈副市长从来没有过接触。开会那天，陈副市长对与会同志略带严肃地介绍我说："她就是在市政协大会上，谈教育惩戒权问题的樊艳红委员。"我这才如梦初醒，原来那次发言，不但得到了委员们的关注，而且被领导注意到了。后来我听说，陈副市长在别的场合也提到了那次发言，据说我发言时，在会场的主席台上，她就和其他市领导商讨怎样落实其中的合理化建议。

回想我的称呼的变迁，从刚刚"走近"政协时张显友主委口中的"小丫头"，到市政协领导口中的"小樊老师"，到袁德柱副主席口中的"小樊主任"，到陈远飞副市长口中的"樊艳红委员"。不变的是，那些老领导、老会员，还是亲切地叫我"小樊"。二十年的时光，转瞬即逝。

回想二十年的历程，不禁感慨万千。我从一名普通而又平凡的小学老师，成长为一名光荣的政协委员，没有所谓的背景，没有所谓的光环。正像一首歌中唱的那样：我是如此平凡，却又如此幸运……

回想我的经历，之所以幸运能够一次次降临在我的身上，无非是因为我在参政议政、建言献策方面做了一些小事。但组织和领导，却及时发现了这些闪光点。当我每每想到，或许因为我的一点点建议，这座城市就会更加美好、社会更加和谐，同时为中国现代化建设贡献了一丝力量，我便会在心底里说——这就是一名政协委员的光荣和价值所在。

# 履职路上的感悟与思考

刘　岩[①]

　　人民政协作为中国特色社会主义的重要组成部分，自 1949 年成立以来，始终秉承民主和团结的精神，为我国的改革发展和社会进步作出了不可磨灭的贡献。历经 75 年的风雨兼程，人民政协伴随着新中国的成长，见证了中国从站起来、富起来到强起来的辉煌历程。

　　在这个值得纪念的时刻，我作为哈尔滨市的一名政协委员，切实感受到了人民政协事业的发展与创新。从严格遵循政治协商、民主监督、参政议政的传统职能，到逐步引入专题协商、界别协商等多样化协商形式，人民政协始终在不断探索中前进，推动政协工作更加贴近实际、贴近群众、贴近时代。特别是近年来，随着信息技术的飞速发展，通过"互联网 +"、大数据等新技术，委员们可以通过网络平台和智慧政协 App 提交提案、参与讨论，提升了议政协商的质量和效率。在这里，无数像我一样来自不同行业、领域的委员，带来了最直接、

---

① 哈尔滨市政协委员，民进哈尔滨市教育研究院支部负责人

刘岩

最真实的声音，共同为社会的发展献计献策。

在此，我愿意分享一些履职过程中的体会与思考，以表达对人民政协的深切情感和对未来的美好展望。

记得刚刚成为政协委员的时候，我心中既激动又忐忑。激动的是能够代表民意参与政治协商，忐忑的是这一重要角色的责任重大。履职过程中的每一次会议、每一个议题，都直接或间接关系千家万户的切身利益，这种影响是深远而真实的。我开始思考，如何在这样的岗位上发挥出最大的价值，如何为哈尔滨的发展贡献自己的智慧和力量。经过认真研究和准备，我选择了将关注点放在推动地方经济发展和改善民生上，特别关注了哈尔滨市的文化市场发展以及新兴业态的规范化管理、城市建设以及经济发展和生态文明建设等领域。

哈尔滨的"剧本杀"行业在快速发展的同时，出现了一些不规范的经营行为，如剧本内容质量参差不齐、场所安全管理不到位、缺少有效的监管机制等问题，这些问题不仅影响了消费者的体验，还阻碍了行业的健康发展，加强行业管理成为迫切需要解决的问题。为此，我提出了《进一步加强剧本杀行业管理规范的建议》的提案。提交提案后，政府部门对此给予了高度重视，相关监管部门也着手制定实施方案。在提案办理过程中，我也有幸参与了部分调研和讨论。在政府的引导和监管下，行业内开始规范化管理的推行，许多经营者开始重视剧本的质量和场地的安全。随着国家出台行业标准并执行，消费者对剧本杀的整体满意度有了明显提升。这一过程让我深刻认识到，对于新兴行业，既要给予必要的发展空间，也要适时介入规范，保障其健康发展。

在关注文化市场发展的同时，我也一直关注着我市的经济发展和生态文明建设。近年来，哈尔滨市在推动林下经济方面取得了一定的

刘岩到通河县职教中心调研

进展，但如何实现高质量发展，仍有许多工作需要深化。哈尔滨市拥有广阔的森林资源，发展林下经济具有得天独厚的条件。通过科学利用森林资源，不仅可以增加农民收入，还能促进生态保护和可持续发展。然而，当前林下经济在品质提升、品牌建设、市场开拓等方面还存在不少短板，亟待解决。基于此，我深感责任重大，于是撰写了《深耕林下经济　走高质量发展之路》的社情民意信息，该信息同样得到了政府部门的采纳。未来，我将继续关注林下经济的发展，努力为推动生态文明建设和农村经济发展贡献自己的力量。

通过广泛调研，我发现随着城市化进程的加快，新的居住小区不断涌现，但同时也有大量老旧小区因年久失修而出现各种问题，如设施陈旧、环境脏乱、存在安全隐患等，严重影响了居民的生活质量。哈尔滨作为一个历史悠久的城市，这一问题尤为突出。针对这一现状，我深感必须采取有效措施，推动老旧小区的综合改造，改善居民的生活环境。为此，我提出了《加强老旧小区改造　全面提升居民生活质量》的提案。提案得到了政府相关部门的高度重视，所涉及的部门积极响应并着手制定实施方案。在跟进实施过程中，我有幸亲眼见证了老旧小区改造带来的积极变化。最直观的变化是居民生活环境的改善，老旧小区焕发新生，居民们有了更多幸福感和获得感。一系列老旧小区的成功改造，也成为展示城市文明进步的窗口，提升了城市整体形象。

作为一名政协委员，近三年的履职经历让我深刻体会到了政协委员的身份所承载的丰富内涵。无论是参与年度政协会议，还是开展专题调研，每一个提案和建议都紧密联系着民众的福祉和社会的进步。尤其是界别座谈会，使我有机会直接听取来自不同行业、不同领域民众的声音，这种从群众中来、到群众中去的过程，不仅拓宽了我的视野，更让我在思考问题时更加深入细致。在参与具体工作时，我体会到了某项政策制定过程中的复杂性。不同的利益群体有着不同的诉求，如何在这些诉求中找到平衡点，实现最大的公约数，是检验政协委员智慧和能力的关键。同时，在履职的过程中我也看到了自身的成长，这不仅仅体现在处理问题上的能力提升，更重要的是在思考问题的角度和深度上有了明显的变化。正是这样的体验，激励我不断地学习和调研，不断加强自身的政治素养和业务能力，以便更好地服务于社会、服务于人民，努力提出更多贴近民生、符合市情的高质量提案。

回望过去，我为自己能够为哈尔滨市的发展贡献微薄之力感到自豪；展望未来，我也将继续秉持"履职为民"的初心，以饱满的热情和积极的态度，参与政协的各项工作之中，为哈尔滨的发展贡献自己的一分力量。

# 人民政协伴我成长

吕桂香 [1]

习近平总书记曾言："大厦之成，非一木之材也；大海之阔，非一流之归也。"作为教育界的民进一分子，同时也是哈尔滨市政协委员，我对这句话有了更为深刻且切实的理解。犹记得当初加入民进组织，正是受到学校里民进会员身份的老教师那令人钦佩的工作风范所影响。从那一刻起，我便决心继承和发扬老一代民进人的政治信念、优良传统和高尚风范。在民进黑龙江省基础教育委员会副主任的岗位上，我曾在南京基础教育会议上发言，分享经验与见解；在民进哈尔滨市委会常委的岗位上，我积极建言献策，组织了众多兴教育人的活动，尤其是阿城金龙山学校与民进哈市第七十六中学支部的活动，成果显著。因出色的工作表现，我有幸成为一名民进界别的市政协委员。

作为市政协委员，2023 年度，我获得了 180 分的履职成绩，这是

---

[1]　哈尔滨市政协委员，哈尔滨新区第一学校副校长

吕桂香

组织对我努力的肯定，激励我时刻保持学习提高的心态、关心身边的每一件事，2024 年我积极参加哈尔滨市政协组织的读书活动并进行发言；随后，我在自己的委员工作站组织召开了关于大中小学思政一体化建设课题调研座谈会暨读书分享活动。

成为政协委员，就意味着要做到双岗建功。我的本职工作强度极大，需要我全力以赴、毫不懈怠。但无论是教育教学的本职工作，还是政协委员的使命，于我而言都是不可或缺的重要部分。也正因如此，我一边努力做好本职工作，一边认真履行政协委员的职责，荣幸地被评为了哈尔滨市有突出贡献中青年专家，所提提案也被评为了哈尔滨市政协优秀提案。

## 不忘"本来" 迈向未来

时光荏苒，我投身教育事业已达 31 年之久。在这漫长而充实的岁月里，我始终坚守初心、砥砺前行，在教育的道路上留下了坚实的足迹。

在教学与教研领域，我带领教师团队取得了一系列显著成就。我们成功完成了国家教育科学"十三五"规划重点课题，并荣获全国成果一等奖，还完成了两项国家级非重点课题和两项省级课题。同时，我积极指导教师及学生参与各类大赛，收获众多奖项。此外，我出版了 3 部专著，发表了数篇论文。作为评委参与哈尔滨市英语大赛，疫情期间作为核心成员参与黑龙江省英语团队工作，作为民进会员带领教师参与"兴教育人"送教下乡活动，并在延寿县农村学校——延安学校执教 1 年。

在学校管理工作中，作为九年一贯制学校的副校长，我全力协助潘亚滨校长，将培养中层干部视为教育教学管理的关键。每周五的例会成为我们共同学习进步的平台，中层干部们身兼数职仍能出色完成工作。在我主抓中学部全面工作期间，首届毕业班成绩斐然。平均分为 365.5 分，126 名考生中超过市重点的占比达 40%，达哈八中配额分数线 307 分以上的有 100 人，市重点配额达线率占 80%。这得益于我们采取的一系列有效措施，如每周带领备课组备课、听课、二次备课，打造高效课堂；学科组统一备课、统一进度，落实分层作业设计，进行假期线上作业讲评，实施晚课分层因材施教，成立包教小组等。

随着新区从"改革年"转战"质量年"，我校积极探索创新。深入研究落实"七学法"课堂模式，提升其教学影响力，开展大单元教学和学历案课堂实践研究。通过精细教学管理，强化教研支撑，开展小课题研究，提升教师教学实践能力。学校借助区督导和国培项目的契机，为教师搭建展示平台，承接众多大型活动。如哈尔滨新区第一学校英语教研组参加线上教研活动，组织跟岗研培并分享讲座等，这些活动为教师创造了学习机会；在区里的五次督导中，教师们得以与专家交流，解决问题，教师们在展示和筹备中不断提升。初中部注重细节，在每月教学常规检查中强调分层作业的分享与借鉴，倡导备课和听课反思。我校英语组在区赛课中获两项特等奖，多学科教师在各级赛课中屡获佳绩。

德育工作始终是学校工作的重点。过去一年，我们努力践行"以

2024 年 4 月 29 日，哈尔滨市政协民进界别委员走进哈尔滨新区第一学校进行课题调研

德育人、严抓常规、形成特色"的理念，成效显著。强化班主任队伍建设，每周召开班主任例会，定期举办经验交流讲座，发挥骨干教师引领作用，助力青年班主任成长。注重家校共育，构建联合育人体系。深入开展"艺体3+X"项目，通过军训、运动会、艺术节等丰富多彩的活动，提升学生体质和艺术鉴赏能力，立德树人。开展"走出去，请进来"活动，让法治副校长、片区民警进校园，召开校长有约见面会等。体育教师坚持每日带领学生晨练，篮球比赛获区初中部第三名，跳绳比赛在人员不齐的情况下仍取得第八名的成绩。

在此期间，我有幸被授予黑龙江省特级教师、黑龙江省优秀教师、全国中小学外语教学能手、黑龙江省教学能手等荣誉称号。我深知这不仅是党和人民的信任，也是作为政协委员应当具备的素质。因此，无论是公益活动还是校园宣讲，我都积极参与，一丝不苟，努力奉献自己的力量。

## 不忘初心　履职尽责

我珍惜每一次学习的机会，学习就意味着收获。通过各类学习，我深刻领悟到，要把握好参政议政、履职尽责的正确航向，将所联系群众的想法，通过我们的嘴、我们的笔传达上去，发挥桥梁和纽带作用，积极履行政协委员职责，切实在国家发展大局中强化责任担当。

今后，我将继续深化理论学习、加强自身建设、更好服务大局，坚持不懈用习近平新时代中国特色社会主义思想凝心铸魂，不断提高履职尽责的能力和水平，以时不我待的紧迫感、勇于担当的责任感、夙夜在公的使命感投入各项工作中，全力以赴、真抓实干、开拓进取，为助推哈尔滨高质量发展、可持续振兴贡献自己作为一名政协委员的智慧和力量。

## 不忘"互鉴" 服务大局

政协这个温暖的大家庭，为我们创造了各种优越的条件，提供了丰富的学习场域，促使我们不断提升；为我们搭建了交流的平台，让我们相互学习、共同进步；为我们的工作指明了方向、树立了明确的目标，激励我们发挥自身优势、建真言献良策。在这里，我结识了众多良师益友，他们来自各行各业，皆是精英。通过与他们的相处，我深切感受到了他们对党的忠诚、对事业的执着、对百姓的关爱以及对人生的深刻感悟。就我个人而言，每当我在工作、生活中遇到困难、困惑时，内心彷徨、犹豫不决时，作为政协领导的哈尔滨市政协副主席、民进哈尔滨市委会主委袁德柱都会给予我家人般的温暖与鼓励，使我坚定信心、明确方向、奋力在教育领域发挥自身的光和热。经过这几年的工作实践，我越来越热爱政协这个充满"爱与正能量"的组织，"她"就是我们坚实的后盾，让我们做人有底气、做事有勇气。

在新的历史起点，心潮澎湃；遥望新的征程，热血沸腾。这是最好的时代，更是奋进的时代。我们铭记历史，深知肩负重任，在党中央坚强领导下，深入学习贯彻党的二十大精神，紧跟人民政协的步伐，为实现第二个百年奋斗目标、谱写中华民族伟大复兴的新篇章，团结奋斗、砥砺前行，护卫红船驶向辉煌未来！

# 跨越南北　铸就徽商传奇

## ——桂新明的哈尔滨政协之旅

桂新明①

政协委员不单单是身份的象征，更是责任的体现。2022 年加入政协后，我积极参政议政，从低空经济到乡村振兴，多次参与实地调研。扎根黑土 20 余载，始终铭记徽商古训，积极承担社会责任，充分发挥政协委员职能，踊跃建言献策，一心为龙江经济高质量发展贡献力量。

## 一、成长之路

1973 年，我出生于安徽的一座小城并在那里成长，地处淮河以南赋予了安徽人南北兼具、融合独特的气质。我成长的时期正值中国改革开放的大潮涌起，18 岁那年，我满怀憧憬与激情，与我的木匠师父踏上了从合肥前往哈尔滨的征程。当走下火车的那一刻，我被这座城

---

①　哈尔滨市政协委员，哈尔滨市新明家具厂总经理

桂新明

市深深吸引，与徽派建筑的含蓄内敛不同，哈尔滨的建筑有一种开放且洋气的美。怀揣着梦想与期望的我立志要在此缔造属于我的传奇。

初到哈尔滨的那些日子，犹如我人生历程中的一段胶片电影，是一段艰苦又闪光的日子。最初，我跟着师父学习木匠手艺，因憋着一股要强的劲头，日夜拼命干活，时常弄得自己伤痕累累。好在功夫不负有心人，随着技艺逐渐成熟以及对哈尔滨更深入的融入，在各方的大力支持下，于1995年创立了新明家具，开启了我在人生第二故乡哈尔滨的全新篇章。

## 二、创新之途

在公司创办之初，我得到了政府的大力扶持，同时也结识了社会各界朋友，深深被哈尔滨的开放、包容以及良好的营商环境所感染。秉持徽商古训，不忘工匠精神服务大众，工厂逐步发展壮大。我怀着感恩之心，也深知作为一名民营企业家所肩负的社会责任，期望能为城市的发展贡献自己的一分力量。2022 年，身为哈尔滨市新明家具董事长的我，光荣当选为哈尔滨市第十四届政协委员。那年我 50 岁，我热泪盈眶、无比振奋。在哈尔滨深耕的 20 余年间，哈尔滨早已成为我的第二故乡，我深深地热爱着这片黑土地。能够加入政协组织这个大家庭并被委以重任，我感到无上光荣。政协委员不仅是一份荣誉，更是一份责任与使命。在政协会议期间，我认真聆听其他各界委员的发言，了解到这座城市在发展进程中面临的诸多困难与挑战，积极参与建设我的第二故乡。

在履职过程中，我有机会参与多项专题调研和视察考察工作。这些经历不仅让我更深入地了解了人民群众的需求，也使我能更有效地为市委、市政府的决策提供意见和建议。通过提案和大会发言，我努力聚焦党委和政府的中心工作，反映社情民意，为相关工作的推进贡献了自己的力量。我持续努力学习政治理论，深入钻研相关产业政策，倾听群众呼声，洞察商业机遇。我围绕乡村振兴、低空旅游发展等提出了多项提案。

2023 年习近平总书记亲临黑龙江省视察，指出要大力发展特色文化旅游，积极服务和融入构建发展新格局，充分释放旅游潜力，在全面振兴中奋力开创黑龙江旅游业高质量发展新篇章。2024 年两会前夕，哈尔滨因文旅而火爆全网，"泼天的富贵"终于轮到哈尔滨，我由衷地感到高兴与自豪。针对我省实际情况，根据黑龙江省人民政府《关于印发〈黑龙江省通用航空产业"十四五"发展规划〉的通知》，结合我市资源禀赋优势，在 2024 年两会上我提出了《关于进一步丰富旅游业态　促进低空旅游发展》的政协提案。

经过深入调研和走访，我认为哈尔滨主城区具备发展低空旅游的

2024 年 3 月，桂新明组织商会开展"万企兴万村　新春送福""真情暖人心"春节慰问活动

独特资源优势。哈尔滨这座百年老城自中东铁路修建以来，就形成了开放、包容、多元的国际化属性。其城市风格融合了历史与现代元素，浓郁的俄罗斯情调与多样的西方建筑风格构成了其独特的城市风貌。市区内的中央大街区域、松花江沿江景观带、太阳岛风景区及周边湿地、伏尔加庄园、普罗旺斯薰衣草庄园以及黑龙江省植物园等景区景色优美、极具特色，具有很好地开展空中旅游的优势条件和潜在价值。冬季更可开展空中观赏冰雪大世界等低空旅游项目，形成陆空联动的旅游模式，为哈尔滨的冰雪旅游再添薪火。随着哈尔滨旅游持续火爆，哈尔滨开展低空旅游具备了更为有利的条件。

我提议，要想做好低空旅游的发展，政府应将低空旅游融入推动旅游业态发展的全盘之中，依据区域内的旅游资源，做好整体的发展规划，实现陆地旅游、空中旅游、滨水旅游的有效衔接与相互促进。同时要优化低空旅游市场营商环境，提供政策支持和资金扶持。对于飞行营地建设、航空器及飞行人才引进等方面做好政策支持与相关业务管理部门的协调对接。在低空旅游发展的起步期，政府要给予一定的财政补贴及税收减免，助力服务运营商尽快发展。政府还要与民航管理部门及空中管制部门加强沟通协调，解决好飞行监管、航空管制等方面的问题，确保低空旅游能够真正"飞起来"。还要建立低空项目示范区、飞行营地，结合地方通航企业、航空协会等社会资源推动低空旅游尽快发展。

当提案提交完毕后，我感受到了前所未有的成就感。这不单是因为我的工作得到了认可，更重要的是，我能看到通过我的努力，可以为哈尔滨市的旅游业发展带来新的经济增长点。这让我深刻体会到，作为政协委员，我们的每一个建议都有可能成为推动社会进步的力量。这次经历让我更加坚信，人民政协委员的角色不只是一份荣誉，更是一份服务社会、服务人民的使命担当。我们的每一个提案都承载着人民的信任和期待，这是一份沉甸甸的责任。

2024 年 2 月 5 日，我作为安徽商会会长，积极参与省里的"万企兴万村"行动，组织带领商会成员前往阿城区亚沟街道吉祥村开展对接会，就"加快发展村级产业项目"展开重点调研，深入实地考察，提出一系列落地可行的意见和建议。东北全面振兴离不开乡村的全面振兴，乡村要振兴，因地制宜选择富民产业是关键。作为政协委员，作为有社会责任感的企业家，我愿意通过开展经营性合作、公益性帮扶来促进农村的产业、人才、文化、生态振兴，让村民稳定增收，让村庄蓬勃发展。

## 三、责任担当

75年的风雨历程，人民政协事业矢志不渝、砥砺奋进，为推动国家发展和社会进步作出了巨大贡献。我们广泛凝聚各界人士的智慧和力量，不断开拓民主团结的广阔道路，为党和国家的发展建言献策。

当前，国家发展已站在新的更高起点，为加快构建新发展格局、全面建设社会主义现代化国家描绘出宏伟蓝图，对人民政协提出了新的更高要求。我们要进一步发扬政协协商的优良传统，广泛凝聚各界智慧和力量，为服务大局发挥独特作用。

作为哈尔滨市政协委员，我要持续加强学习，提高政治素质和专业素养，不断增强履职能力，在关注重大战略问题中积极贯彻党的方针。我们要深入基层、深入群众，将人民政治协商落到实处，充分反映各界群众的意愿诉求，使各项政策符合基层期待。我要进一步创新履职方式，密切同群众的联系，不断提高联系界别群众的能力。要大胆实践、勇于探索，拓展政协广阔空间，提升协商质量和水平，更好地为经济社会发展贡献智慧和力量。

两年的政协生涯，我用自己的亲身经历深切感受到政协事业的伟大作用。我们政协委员通过民主协商，为党和政府决策部署贡献了智慧和力量，推动了国家富强、人民幸福。我将永远珍惜政协委员这一身份，更要发扬政协光荣传统，继续为哈尔滨、为人民建设美好生活而不懈努力奋斗。展望未来，我们人民政协一定能不断与时俱进，在实现中华民族伟大复兴中国梦的新征程上书写更为绚丽的篇章。我坚信，只要我们全体政协委员牢记初心使命、锐意进取，人民政协事业必将在新时代砥砺前行、谱写新的辉煌。

# 政协工作中的温情与力量

矫金田 [①]

在中国共产党的光辉照耀下，我自幼便深受红色文化的熏陶，努力学习并积极向党组织靠拢。2019 年 9 月，我如愿以偿地加入了中国共产党，成为一名光荣的共产党员。同年，我更是有幸被推选为哈尔滨市道里区第十四届政协委员，自此融入了政协这个温暖而充满责任的大家庭。

## 身兼重任，奋战抗疫一线

2019 年底，一场突如其来的灾难——新冠肺炎疫情在武汉暴发，并以惊人的速度蔓延至全国各地，给人们的生活带来了巨大的冲击。2020 年春节，作为一名政协委员，同时也是黑龙江瑞嘉合源物业服务有限公司的总经理，我深知自己肩负着重大的责任，毅然投身于基层疫情防控的第一线。为了确保广大居民业主的生命安全和身体健康，

---

① 道里区政协委员，黑龙江瑞嘉合源物业服务有限公司总经理

我第一时间召回回家过年的工作人员，集齐公司所有人员，我们全力以赴，坚守着安全防线。

当时，任务艰巨，而人手却极为有限。物业全体干部职工坚守在各自的岗位上，值守人员有序轮换。凌晨4点，天色还未亮，我们就投身到各个疫情卡口，劝导居民不聚集；直到傍晚，顶着寒风守住通行路口。当值守人员不足时，我毫不犹豫地主动请缨，不辞辛劳地奋斗在黑夜的关键卡口。每一位干部都团结协作、不舍昼夜、不怕疲劳、连续作战，与群众密切配合、并肩作战。

那段日子里，我们齐心协力助力完成了一轮又一轮的核酸检测、疫情封控、人员转运、物资派送等防疫工作。寒风中，我们的身影坚定而执着；疲惫时，彼此的鼓励成为支撑下去的动力。记得有一次，天气异常寒冷，核酸检测的队伍排得很长，居民们的情绪有些焦躁。

矫金田

我们一边耐心地安抚大家，一边加快检测的速度。从准备检测物资到维持现场秩序，从协助医护人员到解答居民的疑问，每一个环节都不敢有丝毫懈怠。一天下来，嗓子沙哑了，双腿像灌了铅一样沉重，但看到居民们顺利完成检测，心中的那份满足感油然而生。

2022年3月、4月，我先后同毛锦秀、赵岩红、王佳韵等政协委员来到城乡路办事处困难户家中和正阳河办事处开展慰问工作。在正阳河办事处，我们看到全体干部职工下沉在一线、坚守在一线、战斗在一线。他们用切实行动奏响团结抗疫的"协作曲"，展现出干部们高度的责任担当。办事处对疫情防控工作紧急部署、全面铺排，闻令而动，包干到户进行协助服务。干部们24小时在岗，时刻待命，如遇紧急情况，真正做到"牵一发而动全身"。他们的付出和坚守让我深受感动，也让我更加坚信，在这场没有硝烟的战争中，只要我们众志成城，就一定能够战胜疫情。

作为一名政协委员，要始终将人民群众放在心中最高位置，既要心入更要身入人民群众中间，同坐一条板凳、围坐一个炕头，把屁股端端地坐在老百姓的这一面，与老百姓想在一起、吃在一起、干在一起，了解群众生产生活中面临的真实困难，始终把人民的安居乐业、安危冷暖放在心尖上，把实事好事办到人民群众的心坎上，做群众的知心人、贴心人、暖心人。

## 政协干实事，新春走基层

2024年1月31日，为进一步推动2024年度全年计划部署，把政协工作走深走实，积极推进政协与基层组织协商衔接，发挥人民政协平台优势，我随道里区政协副主席荣为、区政协城建工作委员会主任赵岩红来到道里区城市管理局清洁中心开展送温暖、献爱心捐赠活动。

我们为环卫工人送去了慰问物资，并与他们亲切交谈，细致地了解他们的经济收入、保暖现状以及健康情况。委员代表动情地说道："今冬雪量巨大，环卫工作异常繁忙。道里环卫工人起早贪黑、无私奉献、披星戴月、爱岗敬业，发扬'宁愿一人脏，换来万家净'的精神，为广大市民创造了优美舒适、干净整洁的城市人居环境。环卫工人们为城市发展作出了突出贡献，向辛勤工作的广大环卫工人致以崇高的敬意和亲切的慰问。"

当我看到在寒风中不辞辛劳的环卫工人们，颧骨被风吹得通红，手掌粗糙，手指布满裂口、冻疮，但他们的眼睛却是雪亮的，因为他们都有一个共同的愿望，就是让城市变得更美好。那一刻，我的内心被深深触动。

我深知，政协委员要始终把为民服务的质量和成效作为评价自身工作的重要指标，始终以人民满意为标准，从困难群众、受灾百姓、特殊群体入手，热忱服务群众，有事和群众商量，积极为群众排忧解难，做到"真为"、力求"实为"、懂得"巧为"、担当"敢为"，久久为功、绵绵用力，解决好群众最关心、最现实的利益问题，用实际行动赢得人民信任，以为民服务的"辛苦指数"换取人民群众的"幸福指数"。

## 持续走访，加强学习互动交流

2024 年 5 月 29 日，为响应习近平总书记在黑龙江考察时的讲话精神，我随区政协秘书长孙悦春、经济委员会主任赵岩红、九三学社哈工程大学委员会副主委吕彦昭参加"走进'哈军工'，筑牢强国梦"主题党日活动及座谈会。

在九三学社哈工程大学委员会副主委吕彦昭的带领下，我们来到总书记视察时的地点，参观校史馆，并认真听取介绍。经济委员会主任赵岩红表示，习近平总书记走进哈尔滨工程大学考察，了解学校发展历程，对青年学子提出殷切希望，充分体现了以习近平同志为核心的党中央对教育、科技、人才工作和国防科技事业的高度重视和亲切关怀，是赓续红色血脉、铸牢强国梦、厚植爱国主义情怀的体现，也是将参观教育成效转化为坚定理想、锤炼党性的高度自觉，转化为做好本职工作、推动事业高质量发展的生动实践。随后，我们来到哈工程海洋文化馆，实地参观了解海洋发展历程，充分体验从古至今海洋

2024年5月29日，矫金田随区政协秘书长孙悦春、经济委员会主任赵岩红、九三学社哈工程大学委员会副主委吕彦昭参加"走进'哈军工'，筑牢强国梦"等主题党日活动并参观校史馆

发展的重要性。

参观过程中，我被哈工程 70 多年的沧桑与厚重的历史深深感染，深刻认识到人才培养不是立竿见影、一蹴而就的，需要一个从量变到质变的过程，这也是形成我国人才竞争优势的必经之路。高校要发挥好自身作用，利用专业师资、学科交叉的优势，激发人才钻研热情，着力培养高水平复合型人才，从而更好地为"为民造福"做人才支撑。为民造福的道路注定不会一帆风顺、一劳永逸，需要付出更加艰辛的努力。

6 月 19 日下午，由道里区政协经济委员会主任赵岩红带队走访委员企业，对哈尔滨市闽南商会进行调研走访送服务。哈尔滨市闽南商会会长王佳韵向我们介绍了商会 2017 年在党支部倡导下成立了志愿者先锋服务队，参加脱贫攻坚和公益慈善事业。几年来，他们深入社区开展学雷锋，慰问困难群众及环卫工人，为学校开展赞助演讲比赛、捐资助学等公益活动。在疫情期间，累计为哈市捐款 300 余万元，志愿防抗值守，服务了 1000 多小时。2023 年，在长江路阿什河段投身抗洪一线，并为双城区受灾群众捐款捐物，为哈尔滨经济发展贡献力量。

通过走访、学习交流，我深刻地认识到，政协委员要始终把人民对美好生活的向往作为奋斗目标，紧紧抓住人民最关心、最直接、最现实的利益问题，围绕着"为民造福"的目标干，列出任务清单，积极推出为民、惠民、便民的实招、硬招，实施好造福于民的项目工程，愿挑"千斤担"、敢啃"硬骨头"、能接"烫山芋"，一步一个脚印、一锤一个铆钉，实现好、维护好、发展好最广大人民的根本利益，不断增进人民群众的福祉。

在未来的工作中，我将继续坚守初心、践行使命，为人民群众的幸福生活贡献自己的力量，在政协的舞台上展现更多的温情与担当。

# 我在政协的那些事儿

高　旺[①]

　　记得当选政协委员的那一刻，我的内心既充满了激动，又怀揣着一丝丝忐忑。激动的是实现了自己的理想，能够有机会为社会的发展和人民的福祉贡献自己的力量；忐忑的则是担心自己能否胜任这一重任，能否真正地做到倾听民声、反映民意、汇聚民智，不辜负大家的信任。为了尽快熟悉政协的工作，在思想和行动上更加向政协靠近，我积极参加各项培训和学习活动，认真研读相关政策法规，努力提升自己的政治素养和履职能力。

　　作为一名政协委员，积极开展调研、走访基层和群众是我义不容辞的责任。这一路上的前行不仅收获了成长，所遇之人、所经之事也让我铭记于心。

---

① 道里区政协委员，天和项目管理有限公司董事长

## 基础稳固铸就大厦耸立

　　社区一线工作承载着基础民生和基层社会治理的责任，日常工作繁杂。通过走访慰问道里区安化北社区工作人员，让我看到了社区工作者的艰辛，也让我意识到了身上责任的重大。2023 年 3 月，我和政协委员盛国慧同志、田晶同志一同深入基层一线走访社情民意，了解到道里区新阳街道安化北段社区一线工作人员办公设施有所短缺。为改善社区一线工作人员办公硬件设施、帮助社区排忧解难，我们向道里区新阳街道安化北段社区捐赠了一批计算机和打印机等设备，让社区能够更好地开展各项活动，更加顺畅地为社区居民群众提供服务。在捐赠过程中，新阳办事处安化北段社区主任唐秀艳介绍了辖区的基本情况、近期发展及本年度工作方向，与我们进行座谈交流。通过

高旺

交流，我们了解到了社区工作的重要性，理解了习近平总书记指出的"社区是基层基础，只有基础坚固，国家大厦才能稳固"的深刻含义。

## 听君一席话，胜读十年书

2023 年 3 月，我在天和项目管理有限公司召开了"促进高校毕业生见习就业，助力企业升级"的校企联谊座谈会。以道里区政协民族和宗教委员会作为桥梁和纽带，邀请了哈尔滨远东理工学院以及哈尔滨建投集团、哈尔滨银行、瀚恒智博管理咨询有限公司等多家企业参与此次校企联谊座谈会，而我有幸成为本次会议的主持人。

在座谈会上，赵立新主席指出："就业是民生之本，每年的毕业季就业问题都很让人头疼。道里区政协每年逢年过节的时候都会去慰问、走访一些贫困家庭，给他们送去一些米、面、粮油等生活用品，但这只能缓解一时之需。如果给这些家庭中的青年以及毕业生提供就业岗位，有了稳定的、长久的收入，从根本上解决贫困家庭的困难，不仅能让他们更加有尊严地生活，也会进一步推进家庭的和谐。"道里区的产业结构、经济基础对劳动力的吸纳有一定的局限性。赵立新主席在座谈会上曾表示"仓廪实而知礼节，衣食足而知荣辱"，只有粮仓充足、丰衣足食，才能顾及礼仪，重视荣誉和耻辱。我国的就业人口众多，创造就业机会就是创造财富和价值的手段，如果充分发挥各大企业对劳动力的吸纳力，高校能够优化专业设置、培养适应社会发展的实用型人才，促使人岗匹配、人人有岗，这不仅仅推动了企业的发展和创新，也带动了经济的发展和社会的稳定。

在座谈会上，远东理工学院校长助理刘明也介绍了学校的概况，明确未来学院将持续围绕国家战略、坚持需求导向服务地方区域经济发展。参会的各大企业根据自身发展需要及战略规划，从岗位需要、招聘标准等多角度进行介绍，以便高校更好地宣讲就业渠道和方式，让青年学子学有所成、学有所用，实现合作共赢。赵立新主席也鼓励和支持社会组织、行业协会等发挥桥梁作用，促进企业与高校之间的合作，加强产学研融合，为毕业生和青年提供更多的实习和就业对接机会。这场座谈会让我更加坚定了为人民服务的初心，让我感到快乐且得到了成长。

这就是我作为政协委员的亲身经历。回首走过的每一步，心中满是感慨和自豪。我深知作为一名政协委员肩负的是人民的期望，践行的是责任和担当。每一次深入基层的调研、每一次为民众发声的提案、每一次参与的热烈讨论，都如同璀璨的星光，照亮了我前行的道路。未来的日子里，我将不忘初心、牢记使命。我愿用一生的热情与执着在政协的广阔天地里，书写更多的精彩，创造更多的可能。

# 在政协的日子
## ——和同之美，为民之路

刘晓露 [1]

2021 年，我成为道外区第十六届政协委员。那年，我 38 岁，供职发改，正值风华。我依稀记得初遇张军主席的场景——她亲切地握着我的手，对我谆谆教导："要多向其他老委员们学习，多发挥年轻人的激情，多发挥自己经济战线的专业优势……"伴着她手心传来的温度，这语重心长的话，至今仍在我耳畔激荡。

感恩政协，让我感受到大家庭的温暖，引我进入这所学校，为我营造情怀大港湾，给我展示大舞台，助我涵养人生大格局。

### 齐心协力、众擎易举
### 政协是和而不同、美美与共的大家庭

组织的关怀如春风，温暖清新。每天，微信群里的话题包罗万

---

[1] 道外区政协委员，道外区统计局局长

刘晓露

象，委员们时不时地妙语连珠成了相互学习的能量场。交谈时亲切的话语和前辈们悉心的教导让我很快摆脱了初来乍到的紧张感。

在政协大家庭的温暖中，我逐渐走出不知如何履行好自己职责的慌张，逐渐担负起经济委召集人的责任，成为一名合格的政协委员、一名称职的党支部书记。政协委员来自五湖四海，背景不同、经历不同、民族不同、工作不同，但共同的目标、共同的情怀把大家紧紧地联系在一起，成为一个和美的大家庭。是组织的培养和信任让我能够成为大家庭的一员，获得了这样的人生难得的机缘。在这个大家庭，可以畅所欲言、广交朋友、互鉴互学、求同存异、体谅包容。委员既可充分表达自己的观点，也能分享他人见解，倾听不同的声音。在这个大家庭，委员们就搭建"一山两水三区"产业发展平台、打好"八个攻坚突破"、打造"三个新样板"，深入开展协商，广纳群言、广集民智、广谋良策、广聚共识；在这个大家庭，委员们俯下身子，深入群众，真诚倾听群众呼声，真情关心群众疾苦，真实反映群众愿望，真切解决群众急难愁盼；在这个大家庭，行业不同目标同，界别不同理想同，建议不同责任同，大家汇聚起来，围绕道外区经济社会发展和民生福祉参重大之政、建有用之言、办务实之事，为实现老城复兴、新区崛起献计献策献力。在感受温暖的同时，我也不忘反思。我知道，政协给我的关怀，是在督促我将这份关怀传递下去，传递到社会需要的地方。从事发改工作的我发现了中华巴洛克历史文化街区地铁站命名没有有效利用地名资源的影响，本着促进街区振兴发展着想的初心，我着手撰写了提案《关于地铁3号线"靖宇五道街站"更名为"中华巴洛克站"的建议》，获得了督办单位的积极回复。在政协，我愿尽己之力，为道外谱写温暖诗篇。

## 书香四溢、好学不倦
## 政协是书卷常开、灯火不熄的大学校

三年中，每一次的"委员进社区"我都没有缺席，每一次明察暗访，都给我留下深刻的印象。我们走进老小区、旧改门面、破损道路……紧随在老委员、常委们的身后，看他们的一言一行，我明白了什么叫作视野，我也得以从自己的专业中脱身出来，去了解人民生活的另一面。

最令我心驰神往的莫过于同各行各业的委员们一起交流学习的时光，我如海绵般吸收着来自不同领域的视角和专业观点。齐聚一堂的委员们深入了解社情民意，挖掘主次要矛盾，合理制定解决方案。政协是个大学校，第一课就是学习如何履职，学会做到"懂政协、会协商、善议政，守纪律、讲规矩、重品行"，还要学习委员们的品格和学识。在政协，读书学习蔚然成风，有每月组织的政治学习，有委员们"领读"的书目，有每年定期举办的政协读书班，有各类兴趣小组学习……不仅是履职的必修课，"书香政协"读书活动的外溢效应更是不断扩大。

## 一心为民、情系百姓
### 政协是排忧解难、服务民生的大港湾

政协委员来自人民、情系人民。积极参与党政中心工作，积极关注民生事项也是履职的重要方面。

在三年的工作中，我还积极响应号召，参与疫情防控、帮扶慰问、服务企业等相关工作。每一件民生"小事"的背后，都是民生福祉改善的大有可为。

助推发展，我与委员们一道积极行动，深入企业上门服务，充分发挥自身的专业优势和资源整合能力，为企业出谋划策，促进企业之间的经验分享和资源共享，助力企业抱团取暖、共渡难关；热心公益，我与委员们一道经常向困难儿童、困难学生表达关爱，送去慰问金、慰问品，协助他们解决学习生活中的困难和一些具体问题。作为政协委员，我始终紧盯民生"小事"，力求通过议政建言推动解决一个又一个难题，助力不断提升民生福祉，提升人民幸福指数，满足人民群众的美好生活需要。

刘晓露深入街道，指导政协委员工作站建设，根据组内委员职业特点、资源优势，开展进社区、进农村、进企业、走进（近）委员"四进"活动，推动委员履职重心向基层下沉

## 群策群力、斗志昂扬
## 政协是慷慨激昂、资政建言的大舞台

曾记得，紧密结合自身工作和道外区发展，先后提出 4 项提案，得到各方认同和支持，推动和促进了各项相关工作；曾记得，有幸组织和参加了民强夜市、师大夜市的走访调研，深入东原街道委员工作站开门纳谏；曾记得，结合道外区夜间经济繁荣发展的生动实践，提出促进夜间经济和网红经济发展、提升消费氛围等建议；曾记得，就

夜间经济、网红经济发展，助力经济高质量发展等题目多次在区政协协商会议上发言，得到各方点赞……2024 年两会正逢中华人民共和国成立 75 周年，也是实现"十四五"规划目标任务的关键一年。作为一名政协经济组别召集人，也作为区统计局局长，我聚焦推动消费升级、优化资源配置、谋划业态创新，主动关注道外区衣食住行、实体商业复苏的民意之声。消费，一端连着经济，一端连着民生。在做了充分调研后，我正式提交了《关于聚焦升级消费载体打造"N+ 多点化"商业联盟》的调研报告，系统分析制约道外区消费升级的突出问题，为有效解决我区消费结构单一、消费分流及发展后劲不足问题，促进消费升级带动产业升级作出了积极贡献……将知责于心、履责于行落到实践中。

政协委员，是荣耀更是责任。三年的政协生涯，也让我对自己的本职有了更深入的认识，我慢慢地体会着天下之博大，尝试着专业以外的领域。统计面对的不只是一个又一个数字，每一个数字背后，都是经济发展状况的写照，更是人们生活质量的反映。而我要做的，不仅是认真热情地对待每一个数字，更要去发现每一个数字背后没有呈现的问题，这是我对"政协委员"的称号交上的答卷，也是我誓将续写政协心怀天下的诗篇。

# 百年中医情　两代政协缘

齐常然[①]

我是道外区政协委员，也是齐氏儿科中医世家的第四代传人。如果说，百年岐黄传承让我深耕杏林，治愈人间疾苦；那么，祖父和我两代人的政协情缘，则让我尽最大力量回报社会，为民履职、为民尽责。

我是土生土长的"老道外"人。这里，是哈尔滨的开埠之地，它用其独特的魅力和厚重的底蕴，印证着这座城市的日新月异。曾经车水马龙的靖宇大街、商铺林立的北三道街、人声鼎沸的市井胡同和碧波荡漾的午后江畔，都是我对老道外明媚的回忆和最真挚的情感。

"政协"这两个字，对我来说，有着特殊的情怀，是除了温中散寒、软坚散结、五心烦热、心君不守……这些中医名词术语外，最为熟悉的了。从2011年开始，我走进政协这个温暖的大家庭已经13年有余。回首在政协家园中的点点滴滴，有资政时的畅所欲言，有调研时的深入一线，有帮扶时的感同身受，也有撰写提案时的深度思索，

---

① 道外区政协常委，道外区区委、区政府机关服务中心主任

齐常然

更有与政协好友们的细碎时光和共同激扬奋斗的追梦足迹，一桩桩、一件件，都彰显了我与政协的缘分。

## 缘起于杏林，惠泽百姓

追溯起来，我们家的政协情缘还得从我祖父说起。

我们齐氏儿科中医世家已沿袭四代，从被同乡尊称为"齐大先生"的曾祖父齐廷选在道外区太昌街7号创立"春生堂"中医诊所开始，至今已逾百年。我们以"施仁术，吾必有仁心"为业医祖训，逐步形成了独具特色的齐氏中医儿科施治理念和诊疗实践，其"审病必求其因，治病必求其本"的诊疗原则和调理脾胃以舒畅"气血生化之源"从而使"后天之本"得以强健的诊疗特色在业内广受赞誉，在百姓之间更是口碑优良，每天来自全省各地的求医问药者不计其数。

我的祖父齐集贤，是齐氏儿科中医世家的第二代传人。自幼随父学医，深得家传，他严谨的治学风格、温润谦和的风度、无私奉献的精神、渊博深广的才学，给年幼的我留下了深刻印象。他对儿科各种疾患的临床诊治，精益求精、技术精湛、疗效显著，在社会上拥有相当高的知名度和影响力。1979年，他当选为道外区政协委员、常委，在政协的那段日子里，祖父一边治病救人，一边履行责任，服务社会。作为医生，他秉承"仁心仁术"的祖训，把祖传临床经验和自身实践相结合，治愈了许许多多的患儿，被百姓盛赞为"小儿王""宝宝救星"。作为政协委员，他积极参加各级政协的科普、义诊、调研视察等活动，看病时一直坚持聋哑小孩不收费，困难家庭还要减免费用。祖父的这些品德和行为，始终教育和影响着我，老人家说的"施仁术，吾必有仁心"这句话，一直贯穿在我行医和履职的全过程。

## 缘续于传承，守正创新

我自幼随父临证，深得家传。这种从小就对中医文化的耳濡目染和长辈们的言传身教，让我义无反顾地选择了从医之路。

作为一名医务工作者，我对道外区的中医药文化情有独钟。孩提时代，"望、闻、问、切"的神奇和"丸、散、膏、丹"的魅力深深地感染着我，既感叹于中医药文化的博大精深，也惊叹于古人的伟大智慧。记忆里，古老而又神秘的中医技术和碧瓦朱甍的老道外建筑相互融合、交相辉映。多年后，我以医者身份成为一名政协委员，在见证道外区中医药事业发展的同时，也担当起传承道外中医特色的重任。

　　我牢记习近平总书记在党的二十大报告中提出的"大力发扬中医药文化、促进中医药传承创新发展"的部署要求，在中医药振兴发展迎来天时、地利、人和的大好时机，2022 年，时任道外区人民医院党总支副书记、副院长的我，提出"弘扬道外巴洛克文化，发展传承中医药事业，在巴洛克景区建设中医一条街（国医堂），启动道外区中医院，建立中医博物馆"的建议，得到了道外区委、区政府的高度重视和大力支持，并由我辅助道外区卫生健康局推动落实。

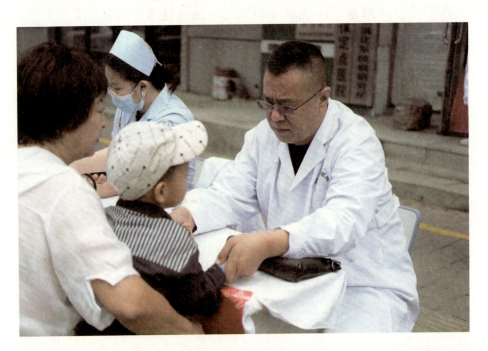

齐常然作为道外区政协医药卫生界别组召集人，带领组内委员经常性深入包保街道开展"四送"活动，为辖区百姓提供法律援助、科普宣传、技术指导、爱心助学、扶贫帮困和义诊等服务

选址时，我多次踏查，就周边环境、交通路况与相关部门协商；入驻前，我利用齐氏儿科中医世家的影响，与道外区著名的中医名医联系，宣讲政策、做好动员；改造中，我就建设中医药展示馆等事宜多方奔走……终于，在当年国庆节到来之际，停诊近20年的道外区中医院在中华巴洛克历史文化街区被"激活"重启。2023年6月，道外区中华巴洛克国医堂正式开诊。如今的国医堂，齐绪公中医诊所、张天野妇科诊所、沈连有中医诊所等9家民营中医医疗机构入驻，定期由中医名家出诊，多次与黑龙江省中医医院（祖研）合作开展义诊等惠民活动，"组团"为市民提供高质量服务，中医药事业在道外区焕发出勃勃生机。

同时，我组织界别组内委员到香坊区文政街道农林街、中医文化特色街开展调研、实地参观，学习借鉴先进经验，开拓国医堂专题协商思路，为国医堂的发展建言献策。我还组织道外区人民医院、道外区中医院与道外区教育局携手，先后开展了"医教牵手，启迪传统中医文化"和"小小中医识中药"等系列活动。一片片地道的药材、一件件精致的工具、一声声清脆的问答、一张张求知若渴的稚嫩面庞，无不彰显着中华文化强大的生命力。每当看到自己能为道外区的中医药事业传承发展作出点滴贡献，我都会感到由衷的骄傲和自豪。

## 缘聚于责任，担当前行

作为政协常委，我充分发挥本职工作中的带头作用、政协工作中的主体作用、界别群众中的代表作用，积极参加政协组织的各项活动，带领政协委员一起共同把人民政协事业发展好。

我积极建言献策，一份份提案承载着我的殷切期许。经过深入调研，我相继撰写了多篇高质量提案。《关于建立医务人员容错纠错机制的建议》着眼于通过合理容错、及时纠错的工作机制，消除医务人员的思想顾虑，全方位激励和保护医务人员担当作为、救死扶伤的主动性和积极性，促进形成愿作为、敢作为、会作为的良好氛围；《关于推进医养结合机构建设的建议》力求通过医疗机构和养老机构的有机结合，有效解决老年人的生活和健康需求，让老年人享受到集养老、文娱、医疗、护理、康复于一体的全程、连续、无缝隙专业服务；《以创新推动景区冰雪旅游高质量发展的提案》旨在统筹推进天恒山及周边开发建设，打造集生物乐园、科普研学、四季运动、文化旅游等多种功能于一体的城区生态旅游核心景区，促进发展冰雪旅游、冰雪运动等冰雪经济；《如何加强医教合作，进一步弘扬中华国粹的建议》是我带领界别组委员提交的集体提案。通过精心设计高质量德育活动，"打破"学校的"围墙"，加强医疗机构和学校的深度合作，促进资源共享，弘扬中华国粹，实现一体化育人共同体。

　　我努力奉献社会，一次次义诊饱含着我的民生情怀。身为政协委员，我发挥专长优势和桥梁纽带作用，不断拓宽思路、扩大服务半径，带领道外区人民医院、道外区中医院和大兴及南直两所社区卫生服务中心，先后多次与道外区教委、中国石油哈尔滨石化公司、附近社区携手，开展"医教牵手""院企牵手""医联体携手"等一系列中医药宣教、送医活动；我联合火车头街道、纪好中医院，在水利社区经常性开展"爱心义诊"活动，将健康服务送到百姓身边；为助力旅游经济，我恪守职责、不忘使命，在院区和部分景点为来哈游玩的四海宾朋免费提供"甘草干姜汤""酸梅饮"，设立临时休息区、健康咨询点，开通绿色通道，实行先诊疗后付费，把"尔滨"政协人专属的热诚传播到四面八方。

我全心走进基层，一场场活动涌动着我的无限热情。我注重发挥界别召集人作用，深化界别工作内涵，每逢"七一""两节""中秋"等重要节日，都要带着组内委员深入街道社会，持续开展"送温暖"活动，为生活困难党员、群众送去生活必需品，送去党和政府的关怀；助力打造南直街道"政协委员工作站"，并以此为阵地，开展进社区、进农村、进企业、走进（近）委员"四进"活动，相继开展法律援助、科普宣传、技术指导、义诊服务、爱心助学和扶贫帮困等活动20余次，有效助力基层治理、反映群众呼声、服务界别群众；带领组内委员先后到纪好中医院、民仁医院、北京建友工程造价咨询有限公司黑龙江分公司、哈尔滨有茗堂文化发展有限公司等委员企业进行走访交流，帮助委员通晓上情、把准区情、了解实情，深度协商议政；开展"委员走基层，创城我同行"活动，对火车头街道的部分老旧小区进行环境整治，并就"如何更好地改进小区环境"进行研讨，真正把情况摸清、把问题找准、把对策提实，在精准建言献策上持续发力。进入汛期，哈尔滨市遭遇强降雨、台风天气，闻"汛"而动是政协委员的无悔担当。我提前组织相关人员第一时间制定《道外区人民医院防汛抗旱应急预案》，多次带领医院和社区的工作人员前往道外区长江路等出现险情的路段执行抗洪抢险医疗保障任务。在防汛大考面前，我发挥自身优势协调多方资源，竭尽所能为人民群众排忧解难。

一路走来，回顾在政协履职的日子，我亲眼见证了人民政协事业的发展，亲历了政协委员积极参政议政、民主监督、建言献策，为道外区经济社会发展作贡献的一个个精彩瞬间，也深刻体会到了一个政协人的骄傲与自豪。

奋斗路正长，行者方致远。在以后的岁月里，我将时刻铭记初心，作为中医世家传人，要保护好、发掘好、发展好、传承好中医药文化，让中医药成为道外区再创辉煌的名片，让道外区成为中医药传承创新的土壤；作为政协委员，要不遗余力，积极履职，敢于建言、善于建言，发挥优势和专长，在政协这个大舞台上，以实实在在的工作举措和业绩向组织交上一份满意的答卷，永续政协缘。

# 步履不停　与政协同行

孙庆涛 [1]

2024 年 5 月 28 日,我作为道外区政协"巴洛克推介官",刚刚迎接完重庆市政协的调研考察团,坐下休息时,无意中翻到了年初区政协十六届三次全会上颁发的《表彰决定》,在"委员最佳风采奖"集体一栏,一下子就看到了自己的名字。自豪的同时,幸运、感恩、责任……诸多滋味涌上心头。

记得,那是 2011 年,怀揣着对国家和人民的热爱,我当选为道外区政协委员。从那一刻开始,在这个充满活力和激情的崭新舞台,在这 4000 多个履职日子里,我与政协的故事也由此展开。

## 一次次"老道外"历史文化传承的乘势而上

道外区是哈尔滨市形成、发展较早的老城区,历史积淀已久。尤

---

① 道外区政协常委,道外区鑫鸿涛建材批发部经理

孙庆涛

其是中华巴洛克历史文化街区，在这里，一个个独具特色的院落、一幢幢中西合璧的建筑、一幕幕百年历史与现代生活的交融……不仅可以欣赏国内现存的面积最大、保存最完整的中华巴洛克建筑群，还可以从时光的芬芳中探寻富有传统气息的商业文化、餐饮文化和民俗文化，从新生成长的创意设计产业中感知老街区的新脉动。

2023 年，区政协党组作出要发挥政协委员优势，服务中华巴洛克街区发展，助力打造"三个新样板"的工作部署后，我有幸组织并参与"吃在道外——道外区名小吃"系列栏目组。我们 7 名政协委员组成创作团队，经过深思熟虑，把中华巴洛克街区的"百年餐饮一条街"作为了开篇之作。

我们各自挖掘资源，撰稿、拍摄、制作、剪辑……全程自己动手。一边走进老街砂锅居、张包铺、老范记等各具特色的地道小吃，与老板聊美食由来、聊家族发展史、聊经营情况；一边坐下来亲自品尝、点评小吃味道，同时撰写、反复修改解说词……最后，我与委员张宝玉亲自上阵，作为推荐"达人"，利用短视频的形式，带着大家品鉴道外名小吃，讲述美食故事，展现小吃文化，让人们感知"老道外味道"与"哈尔滨味道"。制作完成的《吃在道外——走进中华巴洛克篇》在"记忆道外"微信公众号、微信短视频上宣传发表，得到广大网友的点赞转发，引起极大反响。

前不久，随着第九届亚洲冬季运动会日益临近，为营造浓厚的赛事氛围，进一步激励青少年积极参加公益志愿活动，美化家乡、美化道外，作为界别组召集人，我与组内委员受邀参加了哈尔滨广播电视台生活频道爱心公益联盟在中华巴洛克组织的"亚冬盛举，华彩巴洛克——庆六一城市流量新纪元"大型彩绘志愿服务活动。这场别具一格的彩绘活动以中华巴洛克建筑风格为创意源泉，巧妙融合了哈尔滨的独特文化元素、亚冬元素、志愿服务元素，吸引了近 500 名小志愿者及家庭成员参与其中。看着一幅幅生动多彩的画作装点着道外的街巷，成为市民和游客新的打卡点，作为一名政协委员的责任感悄然而起，作为一名老道外人的自豪感油然而生。

## 一个个"建真言"直通社情民意的顺势而为

身为一名政协委员，我深感责任重大，使命光荣。每一次的协商议政，都是一次思想的碰撞，一次智慧的交融。政协的每一次会议，都是一次难忘的记忆。

我始终牢记，要聚焦区委、区政府工作重点和重要决策部署的贯彻落实来开展履职工作。如何紧扣中心工作，开展深度协商议政，为改革献智、为发展建言、为民生出力，是我步履不停的目标和方向。

我认真学习政治理论和业务知识，注重人民政协理论及政协章程等知识的学习，关注道外区经济社会发展的新形势、新任务，及时跟进全区工作的热点、难点、痛点，与新、老委员多沟通、多交流，拓展工作思路，不断提高参政议政的能力和水平。积极参与"读书聚共识，实践促履职""书香政协·悦享道外"等活动，召集组内委员参观南昌商会党建基地，感悟井冈山精神的深刻内涵和实践意义；组织委员参观市政协文史馆，对政协的发展历程，有了更深入的了解和认识，并从中汲取经验和智慧。

我认真开展议政协商，深入基层，掌握实情、研究问题、了解民意，积极参加各项调研视察活动。紧密联系自己所代表的界别团体，向群众求策问计，及时反映他们的意见和要求，集中民智，并形成意见建议，助力党委政府科学决策，有效施政。与组内委员赴道外区北七道街、北十八道街早市开展走访调研，有针对性地采访多位早市摊主、购物居民以及早市管理人员，了解真实情况，并围绕目前早市存在哪些问题、加强早市管理有哪些建议、需要在政策上提供哪些支持等方面，与大兴街道主要负责人、搪瓷社区主任及周边居民，深入交换意见，最终形成《道外区早市管理存在的问题及对策建议》，为全区早夜市规范管理提供参考。我还与委员们针对南十九道街路段物业管理不明确、道路破损、环境脏乱等问题，进行深入调查；围绕南十九道街环境治理等问题进行沟通交流，并提出意见建议，为集体提案收集第一手资料。

近几年，我还围绕全区经济社会发展中的重点、难点问题积极建言资政，相继撰写了《关于道外区持续优化营商环境方面的建议》《关于落实〈哈尔滨市物业管理条例〉提高物业服务工作水平的建议》《浅谈如何真正做到"懂政协、会协商、善议政"》等多个提案、社情民意信息、大会发言和调研报告，为助推全区振兴发展新实践作出了贡献。其中，我撰写的《培育壮大新型农业经营主体，推动乡村振兴》被评为2022年度市政协优秀提案。我的帮扶事迹——《不忘初心深帮扶，真抓实干暖民心》被市政协文史资料《为了践行诺言》收录。这些履职成果，不仅让我对政协工作有了更加深刻的认识，也让我深深觉得政协工作大有可为。

## 一场场"进基层"服务民生发展活动应势而起

政协这个舞台，是我成长的摇篮。在这里，我见证了政协制度的不断完善，参与了许多道外区重要事件的协商讨论，这些经历，让我深刻理解到，政协不仅是一个协商的平台，更是一个汇聚智慧、推动社会进步的重要力量。

我积极探索履职的新形式、新途径，在持续建好用活委员工作站上做文章。根据组内委员职业特点、资源优势，在黑龙江博实科技企业孵化器，挂牌成立了九三科技界别委员工作站，着力搭建企业与政府部门、企业与企业之间的高效沟通平台。

我始终把群众的利益放在第一位，带着赤诚关注民生。在建军节期间，到崇俭街道开展慰问退役军人活动，聆听军人们保家卫国的故事；为做好防汛救灾后医疗防疫工作，组织委员捐款 5300 元，在区政协刁成刚副主席的带领下，赴团结镇、民主镇、永源镇、巨源镇开展义诊和防疫消杀，为群众免费提供专业医疗检查和健康咨询服务，讲解灾后常见的传染病和预防知识，为 120 余名村民免费进行医疗咨询、诊治和健康体检，消杀面积近 300 平方米，受到了村民的一致好评；带领委员们深入仁里街道政协委员工作站开展健康义诊进社区公益活动，深入崇俭街道、仁里街道、大兴街道开展"政协委员进社区，普法惠民暖人心"活动，邀请反诈中心警官、公证处公证员、专业律师，以讲座、发放宣传资料、现场解答等方式，面对面向居民宣讲法律知识、提供咨询服务，让法律服务既走心、贴心，更暖心。能为老百姓的事儿呼吁，能为老百姓办实事，我觉得很有荣誉感和成就感。

2024 年，是人民政协成立 75 周年。75 年的风雨历程，见证了一代代政协人的辛勤付出，也见证了我个人与政协共同成长的历程。那些热烈的讨论、那些真挚的建议、那些共同的努力，都深深地烙印在我的心中。每一次成功的协商，都让我感到无比自豪；每一次政策的落地，都让我看到政协工作的实效。这些经历，让我更加坚定地认为，政协是我们共同成长的平台，是我们实现梦想的舞台。

回首过去，留下了一串串匆忙而坚实的脚印，我为自己是政协委员而自豪，为能与政协共成长而感到幸运；展望未来，我将继续坚守初心、牢记使命，以更加饱满的热情、更加坚定的信念，在政协的舞台上为人民服务、为国家奉献，与政协一起步履不停，共创美好的未来，继续把我与政协的故事延续下去。

# 写好迎接亚冬会的时代答卷

陈 柯①

要问"尔滨"为什么这么火，作为地道的哈尔滨人，我会真诚地告诉你，当你漫步在"东方莫斯科"的中央大街，徜徉于各色巴洛克风格的欧式建筑之间，感受着异域风情和文艺复兴的自由气息……这一刻，你会仿佛穿越百年而来，那句"没有到过中央大街，就不能说来过哈尔滨"的话，一点也不为过。

"尔滨"人气爆棚的背后，还有一个特大的消息，第九届亚冬会将于2025年2月7日启幕，这是继北京冬奥会后中国举办的又一重大综合性国际冰雪盛会，也是自1996年后哈尔滨第二次承办亚冬会。

"办好一个会，提升一座城。"也有人会问，这些与你有关系吗？我会骄傲地告诉你，用鲁迅先生的话讲："无穷的远方，无数的人们，都和我有关。"

政协委员，不仅是身份、荣誉，更是责任。"懂政协、会协商、

---

① 南岗区政协委员，黑龙江省交通设计集团党委书记、董事长

陈柯

善议政，守纪律、讲规矩、重品行"是对政协委员的重要要求。作为南岗区政协城建组组长，在助力亚冬会的征程上，我以开拓进取、笃行不息的姿态在新征程上写下绚烂多彩的"青春华章"。

大家都知道，师大夜市是哈尔滨市颇具规模且知名度较高的正规夜市之一，它位于文兴街上，紧邻哈尔滨师范大学（江南校区），有超过500家店面和摊贩。师大夜市开市时间一般为17时到22时，每到夜晚，慕名而来的人潮络绎不绝。"笑脸相迎八方客，诚心以待四海宾"，亚冬会逐渐临近，作为南岗区核心商圈之一，外地客流量必然大幅增加，交通保障工作是和谐发展的前提。

我始终保持"一枝一叶总关情"的政协情怀，重视发挥委员主体作用。根据区政府工作报告中提出的"围绕师大夜市步行街等知名地标，打造南岗特色商贸品牌、网红打卡地、潮玩聚集地"工作要求，组织南岗区政协城建组委员围绕改善师大夜市交通环境，助力打造"夜南岗"新地标开展调研。深入研究师大夜市区域交通组织、公共交通、慢行交通、静态交通现状问题。针对区域路网规划总体上符合居民出行需求，部分交叉口早晚高峰拥堵严重，和兴头道街道路宽度变化较大，道路标线不清晰等5大项9小项问题，提出了调整延兴路与文兴街交叉口信号配时，缓解交叉口高峰拥堵；加强和兴头道街与振兴街交叉口交通管理，在早高峰期间设置信号灯等12条建议，形成了《师大夜市交通现状问题调研及改善建议》调研报告。这份报告得到了区政府的重视，南岗区交警队还与我们联系，实地进行了踏查，根据我们的建议，他们建立台账，制定整改措施，挂图作战，进行了全面整改。

政协委员作为各党派团体和各族各界代表人士，代表着每一个界别的声音，是社会群体声音的汇聚。我主动服务大局、自加压力，拿

在南岗区政协十五届三次全体会议上，分组讨论阶段主持城建组会议

出了可参考的协商建言报告，做到"融大局"；积极适应新形势、新任务、新要求，系统谋划建言课题，精心组织过程管理，做到"精细严"；在协商建言中积极反映群众意愿，很好地上传下达、凝聚人心，做到"解民忧"。

改善基础设计容貌是迎亚冬会的措施之一，重要保障街区的老旧小区改造是南岗区委、区政府为民办实事的重要举措，通过改造，百姓生活质量显著改善，人居环境得到优化，让老百姓实现从"居住"到"安居""宜居""乐居"的重要转变。但如何维持老旧小区改造成果，防止改造后出现反弹，确保政府的实事办实、好事办好，保持老城区新面貌，成了摆在我们面前亟待解决的问题。

金杯银杯不如老百姓的口碑，对于老旧小区改造来说，"改"到老百姓的心坎上最重要。我与委员深入红旗、闽江小区，通过听取区旧改指挥部汇报、与社区居民座谈交流、实地踏查等形式，广泛征求意见。居民们纷纷告诉我，在改造前管道布局不合理，存在排水空间狭窄、曲折较多、年久污物堆积等问题，种种原因造成了居民家中屋面漏水、排水不畅、管道堵塞等问题，让居民们苦不堪言。我结合区情进行了深入研讨分析，形成《关于老旧小区改造过程中加强统筹协调管理的调研报告》。

老旧小区改造一头连着民生、一头连着发展，是事关群众切身利益和经济社会发展的重大民生工程。我与委员们一道，还采取"请进来、走出去"等多种形式，面对面征求基层的意见，主动加强沟通交流，来到改造现场，与居民群众、小区物业、社区代表、施工单位代表及南岗区城建局领导进行座谈交流、实地踏查，通过深入调研、系统研判，提出有数据、有分析、有针对性的《老旧房屋屋面及外墙立面防水》建议报告，不断提升履职建言的实效。两篇老旧小区改造调研报告在区政协协商议政会上发言，得到了区政府的高度重视。

潮头登高再击桨，无边胜景在前头。习近平总书记指出："新时代的伟大成就是党和人民一道拼出来、干出来、奋斗出来的。"随着2025年第九届亚冬会的临近，围绕亚冬会开展的各项合作洽谈活动也日益活跃起来，为展现"尔滨"人广迎八方宾客的诚意，展示南岗区开放包容的城市活力和开拓创新的发展理念，让更多的人看到不一样的"尔滨"，还有那具有人间烟火气的"龙江味道"，我将继续做奋发进取的"筑梦人"、实学苦干的"追梦人"、仰望星空的"圆梦人"，踏着铿锵的步伐，乘着实现龙江全面振兴的东风，锲而不舍、砥砺攀登，"绣"出南岗城区好风光，书写一名政协委员的壮美答卷。

# 在南岗区政协的成长与蜕变之旅

张多英①

    在教育教学过程中，我不仅致力于提升教学质量，更心系学校的发展大局，积极建言献策，为学校的繁荣发展贡献自己的力量。这段经历，不仅锤炼了我的专业能力，更为我日后加入政协、投身社会服务奠定了坚实的基础。2020年，学校给予了我一次宝贵的机会，我被选派参加了"全省第五期归国留学人员暨省欧美同学会青年骨干会员践行留学报国使命专题研讨班"。这次学习经历不仅让我有机会与来自各行各业的优秀青年交流思想、碰撞智慧，更让我对留学报国的使命有了更深刻的理解和认同。我意识到，作为新时代的归国留学人员，我们有责任将所学知识转化为推动国家和社会发展的实际行动。带着留学报国的初心和教学科研工作的积累，我于2021年荣幸地当选为哈尔滨市南岗区政协（十五届）委员，并分配在提案组。这一身份的转变，对我来说既是荣誉也是责任。在政协这个大家庭中，我遇

---

① 南岗区政协委员，黑龙江大学科技处副处长

张多英

到了良师益友，从他们身上我学到了对事业的执着、对民生的关爱和对社会发展的关心，也让我体会到了政协委员的责任与担当。

## 以提案为引，绘就绿色发展

在 2022 年的两会上，我捕捉到了内河治理的紧迫性与重要性，提出了《持续推进南岗区内河治理，防止返黑臭》的提案。该提案得到了区政协的认可，并入选为当年的调研工作内容。调研工作获得了提案组的大力支持，我们查阅文献资料，到现场调研考察，走访河湖长办公室，总结调研成果。在调研的基础上，我进一步深化了对内河治理的思考与探索。2023 年，我提出了《提升南岗区内河生态环境与文化内涵建设》的提案，旨在通过加强生态环境保护与挖掘内河文化内涵相结合的方式，推动南岗区内河治理工作向更高层次迈进。该提案再次入选为区政协的调研工作内容。

近年来，在区委、区政府的坚强领导下，通过一系列科学有效的治理措施，马家沟河的水质得到了显著改善，河岸两侧的生态环境也逐步恢复了往日的生机与活力，尤其是沿河精心打造的丽水公园，春日里，杨柳依依，河水潺潺；夏日中，河两岸百花盛开，绚烂多彩；秋风起时，红叶片片，美不胜收；冬日雪后，银装素裹，分外妖娆。内河之美，已成为南岗区一张靓丽的生态名片。这一变化不仅提升了居民的生活质量，更激发了我对生态环境保护与科普教育深度融合的思考与行动。2024 年，我提出了《以南岗区内河为载体建设生态环境科普基地的调研》提案，旨在通过建设生态环境科普基地，提高公众

针对提升南特区内河生态环境与文化内涵开展调研视察，张多英和提案组委员与园林局、丽水公园管理处等相关单位开展对口协商

对生态环境保护的认识与参与度，形成全社会共同参与生态环境建设的良好氛围。我将继续与政协同仁一道，为这一绿色梦想的实现贡献自己的力量，共同书写南岗区生态文明建设的新篇章。

## 以深耕为基，多领域成长

2022 年我荣幸地当选为民进黑龙江省人资环委员会副主任、民进黑龙江省青年工作委员会委员，并成为第五届省知联会的一员。这些职务的赋予，如同一座座桥梁，连接着我与更广阔的社会舞台。在深耕于现有领域的同时，我也将目光投向了更为广阔的农村地区。那里，有着亟待改善的人居环境，有着对美好生活的热切向往。基于这样的认识，我提出了《提升龙江农村污水处理设施建设水平，推进农村人居环境整治的调查研究》的调研方案。这一方案旨在通过深入调研，摸清龙江农村污水处理设施的现状与问题，提出切实可行的解决方案，助力农村人居环境的全面提升，这一提案成功入选民进中央备案的常规课题。

## 以学习为翼，促进自我提升

在南岗区政协的大家庭里，我深刻体会到了"学习是进步的阶梯"。政协定期组织的各种学习培训、专题讲座，让我有机会接触到最新的政策理论、国内外形势分析以及先进的发展理念。在与委员沟通和交流的过程中，我也学会了如何更加客观、全面地看待问题。在参加调研、视察等活动中，让我更加深入地了解了社会现实和民生需求，让我对自身的科研方向提供了指引。

基于政协调研的启发，我带领团队围绕黑龙江省冬季水处理难题，开展了长期而深入的低温水生物处理理论和技术研究，取得了一系列科研成果。从获得国家发明专利到实现成果转化与应用，见证了调研成果在科研实践中的深度转化。

回首在南岗区政协的成长历程，我深感荣幸与自豪。这里不仅是我实现自我价值的地方，更是我锤炼品格、增长才干、服务社会的重要平台。未来，我将继续秉承政协的优良传统和作风，以更加饱满的热情和更加扎实的工作作风投入政协事业中去，为南岗区的经济社会发展贡献自己的绵薄之力。我相信，在南岗区政协这个大家庭的温暖怀抱中，我将不断成长、不断进步、不断超越自我。

# 肩负使命　砥砺前行

蒋　军[1]

多年以后，我依然清晰地记得当选为哈尔滨香坊区政协委员的那一刻，自己热泪盈眶，深感肩上的重担与荣耀。

香坊是一片悠久、蓬勃、有故事的沃土。政协作为连接党和人民的桥梁，承载着民意，传递着民声，是推动社会进步的重要力量。我有幸成为这支队伍的一员，希望用满腔热情和坚定信念为香坊贡献自己的力量。

履职以来，我以实际行动践行政协委员的义务：进一步加强学习，增强履职能力；深入基层、倾听民声，把群众的期盼和需求转化为推动社会进步的动力；关注科技和文旅两大领域，结合自己的工作实践和调研结果提出提案，力求以更加专业和高效的工作，为香坊区发展注入新的活力。

---

① 香坊区政协委员，黑龙江君领晟科技有限公司董事长

## 学无止境　为履职添砖加瓦

在成为一名政协委员的道路上，我深知理论学习的重要性。在本职工作之外的无数个日夜，我让自己沉浸在政协章程和相关政策的学习中，深植理论之根。此外，在讲述政协历史的书海中遨游，我仿佛听到历史的回声，感受到优秀前辈的智慧和力量。

履职之余，我积极参与各种交流活动，与来自不同领域的委员们深入对话。在这些思想的碰撞中，我汲取了多元的思考。无论是关于经济发展的策略，还是社会治理的创新，每一次交流都是一次视野的拓展，这些交流经验，让我能更精准地把握各类问题的核心要义。

2024年6月18日，我在东北林业大学参加了为期3天的香坊区政协委员培训班。那些平日里的积累和实践，仿佛在此找到了汇聚的港湾，培训班上讲授如何撰写提案、反映社情民意信息等内容，让我

蒋军

受益匪浅；哈尔滨市政协文史馆的参观见学，让我更加珍惜自己的委员身份，也更加坚定了认真履职的决心。

## 科技助力　照亮企业发展之路

在香坊区这片充满活力的土地上，装备制造业作为区域经济的重要支柱，其发展状况一直牵动着我的心。为了更深入地了解这一产业的实际情况，我参与了对香坊区装备制造业企业的调研。通过实地考察、企业访谈和数据分析，我观察到产业发展的脉动，也发现了制约其进一步壮大的问题。

调研中，我发现香坊区装备制造企业在取得一系列成绩的同时，也面临着产业结构不合理、创新能力不足、人才短缺和市场拓展能力有限等问题。这些问题如同一道道难题，摆在了企业和政府面前。我深知，要推动产业高质量发展，就必须正视这些问题，寻找切实可行的解决之道。

在深入调研的基础上，我撰写了《关于香坊区装备制造业企业发展情况的调研报告》，在报告中，我分析了产业的发展现状，并提出了优化产业结构、加大创新投入、加强人才培养、提升市场拓展能力和提高本地配套率等对策建议。这些建议凝聚了我对于产业发展的深刻思考和殷切期望。

在参与区政协主办的"关于香坊区科技型企业经营需求分析及发展座谈会"期间，我走访了多家科技型企业，与企业家们面对面交流，倾听他们的发展诉求和建议。我被他们对于创新的渴望、对于发展的执着所感动，也更加坚定了我为企业发展助力的决心。

通过这一系列工作，我有一种前所未有的成就感。我提出的建议和报告，不仅得到了政府和企业的认可，更为区域经济的发展贡献了自己的一分力量，这些经验将成为我履职路上的宝贵财富。

## 倾听民声　触摸社区的脉动

在我的观念中，民生问题大于一切。作为区政协委员，我有幸参与了文政街道办事处和安埠街道办事处民生问题解决协商座谈走访活动，让我有机会直接倾听民众的声音、触摸到社区的脉搏，尤其是深刻感受到了居民对于改善生活环境的迫切需求。

通过参加安埠街道政协委员工作站召开的老旧小区环境整治民主协商会议，我与其他委员一起，深入到苏顺社区五街区，直面小区设施老化、环境脏乱差等问题。我们不仅在会议室里讨论，更在小区内实地走访，与居民深入交流，了解他们的实际困难和需求。这种深入一线的踏查，让我更明白政协委员的责任所在——为民发声，为民解忧。

在协商会议上，我与委员同仁从物业服务、工作机制、职能权限等角度出发，进行了深入的交流和讨论。我们围绕着整治主体、整治内容、整治措施等方面，总结难点痛点，广开言路、建言献策。我在这个过程中积极发言，提出了自己的见解和建议，希望能够为解决老旧小区的环境问题贡献自己的一分力量。

在此过程中，我提出的建议得到了与会人员的认同，也为推动老旧小区环境整治工作发挥了积极作用。我学会了如何更好地理解民情、汇集民意、形成民智，如何在履职中发挥自己的作用，为民众的福祉贡献力量。

## 慈善之心　温暖大爱人间

　　在香坊区政协的号召下，我参与了以"协力同心　筑梦启航"为主题的爱心助学活动。5月28日，这一天对我来说意义非凡，因为我有机会亲手为黎明中心校的71名困难学生送上关爱与支持。这些孩子中有留守儿童、外来务工子弟，也有需要特别关照的困难学生。他们的眼神中充满了对未来的渴望和对知识的渴求，这让我深感肩上的责任重大。

　　活动得到了广大委员、政协机关干部和社会各界爱心企业的积极响应。在短短两天内，我们募集到了近16万元的捐款，并为学校购置了必要的设施，如饮水机等，以改善学生们的学习和生活条件。每

蒋军参与香坊区政协开展的"帮扶困难群众三年公益行动"，通过入户捐赠详细了解帮扶对象的具体情况，加深彼此间的情谊

一笔捐款、每一份物资，都凝聚着捐助者的爱心和期望，传递着社会大家庭的温暖。

在捐助仪式结束之后，我们并没有立即离开，而是选择留下来与学生们深入交流，倾听他们的心声和梦想。孩子们围坐在我们身边，用稚嫩的声音讲述着他们的故事和对未来的憧憬。这些真挚的交流让我深受触动，也让我更加坚定了继续投身慈善事业的决心。

通过这次助学活动，我收获了满满的感悟。我意识到，作为政协委员，我们的慈善行动不仅仅是物质上的帮助，更是精神上的鼓舞。我们给予的不仅是资金和物资，更是对未来的希望和梦想的支持。未来，我还会继续参加此类活动，进一步用慈善之心温暖人间，为需要帮助的人们带去更多的光明和希望。

回顾过往，我作为香坊区政协委员，深感荣幸亦满载责任。在履职的道路上，我提出的每一份建议，都凝聚着对这片土地深深的热爱和对人民无限的忠诚。无论是推动跨境产业链的发展，还是借助网络短剧带动文旅产业的繁荣；无论是加强夜市经济的活力，还是升级改造秋林商圈，这些建议都是我不忘初心、积极建言献策的见证。

站在新的历史起点，我将继续汲取过往经验，不断前行。我深知，政协委员的职责不仅是提出问题，更是寻求解决方案，为区域发展贡献智慧和力量。未来，我将以更加饱满的热情，更加坚定的信念，深入基层，了解民情，汇集民意，形成更多切实可行的建议。

我坚信，每一位政协委员的行动和努力，都是推动社会进步的重要力量。在未来的履职中，我将坚定信念，践行承诺，不断提升自身素质，增强履职能力，以实际行动诠释政协委员的责任与担当。我将与所有委员一道，携手并进，共同为香坊区的发展贡献自己的全部力量。

# 重走长征路和政协委员培训班

王丽茹 [①]

作为政协委员，参加政协培训是履职能力提升的重要途径，在我参加的众多委员培训中，印象最深的是井冈山重走长征路和北戴河政协委员第 109 期培训班。

作为一名政协委员，2017 年 6 月踏上井冈山这片革命圣地，重走长征路，对我而言，是一次意义非凡的心灵之旅和深刻的历史学习。这不仅仅是对身体的一种挑战，更是对心灵的一次洗礼，让我对革命历史有了更加直观和深入的理解，也让我对政协委员的职责和使命有了更深的思考。

在重走长征路的过程中，我被革命先烈们坚定的理想信念所深深打动。他们面对艰难险阻，依然勇往直前，用生命和鲜血谱写了一首首壮丽的革命史诗。这种为了理想和信仰不惜一切代价的精神，让我深感敬佩。同时，我也更加深刻地认识到，作为新时代的政协

---

① 香坊区政协委员，黑龙江省医院肿瘤治疗中心主任医师

委员，我们要继承和发扬这种革命精神，坚定信念、勇于担当，为国家和人民的事业贡献自己的力量。重走长征路还让我深刻体会到了团结协作的重要性。长征路上，红军战士们相互扶持、共同进退，形成了强大的凝聚力和战斗力。这种团结协作的精神不仅是我们党能够取得革命胜利的重要因素之一，也是我们今天在工作中应该积极倡导和践行的品质。作为政协委员，我们要加强与其他委员之间的沟通和协作，共同为国家和人民的事业出谋划策、献计献力。此外，井冈山重走长征路还让我更加深刻地认识到了革命胜利的来之不易和今天幸福生活的可贵。我们要倍加珍惜这来之不易的和平与安宁，时刻铭记历史、不忘初心，努力为实现中华民族的伟大复兴贡献自己的力量。同时，我们也要积极传承和弘扬红色基因，让革命精神在新时代继续发扬光大。

通过这次重走长征路的活动，我更加坚定了自己的信仰和追求。作为政协委员，我将继续努力学习、积极进取，不断提高自己的政治素质和业务能力，为更好地履行委员职责打下坚实的基础。同时，我也将积极关注社会热点、难点问题，深入调

王丽茹

研、建言献策，为推动经济社会发展、增进人民福祉贡献自己的智慧和力量。

在北戴河这片风景秀丽、历史底蕴深厚的土地上，2017年10月我有幸参加了全国政协第109期培训班。这次培训不仅是一次知识的充电，更是一次思想的碰撞和心灵的启迪。培训期间，我们系统地学习了政协工作的理论知识，包括政协的性质、职能、作用以及政协委员的权利与义务等。同时，我们也通过实地考察、案例分析等方式，将理论知识与具体实践相结合，深入了解了政协工作在实际操作中的具体运用。这种理论与实践相结合的方式，让我对政协工作有了更加全面和深入的认识，也为我今后更好地参政议政提供了有力支持。在培训班中，我结识了来自全国各地的优秀政协委员和同仁。大家虽然背景不同、领域各异，但都有着共同的理想和追求。我们相互学习、相互启发，在交流中碰撞出思想的火花。这种团结协作的精神让我深感震撼，也让我更加坚信，只有团结一心、共同努力，才能推动政协事业不断向前发展。

作为政协委员，我们肩负着代表人民利益、反映人民诉求的重要使命。这次培训让我更加深刻地认识到自己肩负的责任和使命。同时，我们也要不断加强自身建设，提高政治素质和业务能力，更好地履行委员职责。时代在不断发展变化，政协工作也面临着新的挑战和机遇。这次培训让我深刻认识到持续学习的重要性。只有不断学习新知识、新技能、新思想，才能跟上时代的步伐，适应工作的需要。因此，我将把学习作为一种习惯、一种责任、一种追求，不断提升自己的综合素质和履职能力。

参加北戴河政协第109期培训班是一次难得的学习机会和人生经

历，它让我更加坚定了信念、增长了见识、拓宽了视野、提升了能力。我相信在未来的日子里，我将以更加饱满的热情和更加扎实的作风投入到政协工作中去，为推动政协事业不断向前发展贡献自己的力量。

# 我和我们的政协

## ——律政、军魂、党心的交汇

张　森[①]

　　作为一名哈尔滨市的政协委员，我带着律政、军魂与党心，渴望在更高的舞台上发挥作用，参与到更广阔的社会治理中。人民政协，这个集合了各界精英的平台，给了我这个机会，让我在新的征程中为国家发展、社会进步献上自己的一分力量。这段历史不仅见证了祖国从站起来、富起来到强起来的伟大飞跃，也凝聚了我们每一位政协委员的心血和汗水。自1949年成立以来，人民政协作为中国共产党领导的多党合作和政治协商的重要机构，始终以国家富强、民族振兴和人民幸福为使命。哈尔滨市作为共和国的长子，亦在这场伟大变革中书写了壮丽篇章。尤其是改革开放以来，现代化建设的步伐不断加快，经济发展蒸蒸日上，城市面貌焕然一新，人民生活水平显著提高。这些成就无不体现了人民政协积极建言献策、助力发展的重要作用。

---

① 　香坊区政协委员，北京大成（哈尔滨）律师事务所高级合伙人

张森

## 一、律政为民："法与情"的互动

### 法律人的初心

回顾我作为律师的职业生涯，我始终不忘初心，用法律手段帮助每一个需要帮助的人。某一年的春天，我接到了一起民事纠纷案件，当事人王女士因为维权无果，情绪几近崩溃。我接触案件时，发现其中涉及大量的法律复杂问题，但是我毅然接下了这个充满挑战的案件。

### 充满波折的庭审

庭审过程充满波折，证据不足、对方律师的狡黠以及各种突如其来的变数都让我倍感压力。但是，我用尽心力不放过每一个细节，通过多次的调查取证，终于在法庭上展现出无可辩驳的证据链。满脸泪水的王女士激动不已地握住我的手，深情地说道："谢谢你，律师，我终于看到了公正。"

这个案件不仅帮助了当事人，亦让我深刻体会到法律的温度和力量。这种为人民服务的初心让我在政协委员的新角色中继续发扬光大。

## 二、军人的担当："战与守"的并肩

### 特殊的训练经历

21 年的军队服役生涯，不仅锤炼了我的意志，也让我满怀对国家和人民的深厚感情。1999 年，洪水肆虐长江流域，我随部队紧急抗洪。在那场没有硝烟的战争中，我和战友们并肩作战，用血肉之躯守护着千千万万的人民。那个酷暑难耐的夏天，我们在堤坝上连续奋战了 20 多个昼夜，每天只有两三个小时的睡眠时间，但没有任何人退缩，因为每一寸堤坝的背后，是无数人民的安危。

### 军魂在政协中的延续

这种坚定不移、无私奉献的精神在我成为政协委员后得以延续。我多次参与国防建设、退役军人安置等专题调研，通过实地调研收集情况，并撰写多份提案，力促政府相关政策的落实。例如，在退役军人就业问题上，我协助推动多个技能培训项目，为退役军人提供再就业机会，使他们在新的岗位上继续发光、发热。

张森跟随香坊区政协农业农村委来到向阳镇东兴满族村，依托市委政法委、市扫黑办举办的《中华人民共和国反有组织犯罪法》进乡村活动，开展普法宣传

## 三、党员的初心："责与义"的践行

### 入党的誓言

回想起自己郑重宣誓加入中国共产党的一刻，我感到无限的荣誉与责任。党组织的栽培让我不断成长，更让我明白了"全心全意为人民服务"的真正内涵。在人民政协工作中，我将继续秉持这份初心，深入群众、深入实际，发挥党员的先锋模范作用。

### 带着党心履职建言

在多场政协会议中，我积极建言献策，参与社会热点问题的讨论，特别是在民生领域，我提出了多项改善居民生活环境、提高公共服务质量的建议。例如，在法律资源均衡分配的问题上，我提出了"提高农村法律服务水平"，倡导政府增加农村法治教育投入，推动城乡法律资源均衡发展，保障农村居民也能享受法治带来的安心与公正。

## 四、故事与体会：履职中的温暖与挑战

### 老兵的心声

在一次调研过程中，我遇到了一位退役老兵老李。他在退休后一直生活困难，抚养着两个孩子，却没有稳定的收入。了解到他的情况后，我通过联系相关部门，帮助他找到了适合的工作岗位，并申请到了应有的社会保障。老李激动地对我说："谢谢你，不仅给了我和一家人生活的希望，也让我感觉到国家没有忘记我们这些老兵。"

这样的故事在履职过程中并不罕见，但每一个个体故事背后，是我们政协委员无私的努力和心血。每一次帮助，都是我坚守初心、不懈努力的动力源泉。

在人民政协的平台上，我们不仅是建言者，更是实践者。我主动参与多个创新项目，利用自己的专业知识和资源，为社会问题提供解决方案。

律师、军人、党员，这三重身份赋予了我多重视角与能力，使我在履职过程中能够更加全面和细致。我将这些优势用于推动基层民主法治建设，开展法治宣传教育，提升群众的法律意识和法治素养，使法治精神在社会各个角落扎根发芽。

新时代赋予人民政协新的使命和任务，我深知肩上的责任重大。

在未来的征程中，我将继续发挥自己的优势，带领和团结广大政协委员，积极响应党和国家的号召，为实现中华民族的伟大复兴贡献力量。

我对人民政协事业的前景充满信心。人民政协作为社会主义协商民主的重要渠道和专门协商机构，将在推进国家治理体系和治理能力现代化中发挥更为重要的作用。我们每一个政协委员，都将成为这一历史进程中的积极参与者和推动者。

## 结语

律师、军人、党员，这三重身份交织出我独特的人生画卷。在人民政协这片广阔的舞台上，我将不忘初心、抵御风雨，为实现国家富强、民族振兴、人民幸福的伟大目标不懈奋斗。我相信，只要我们凝心聚力，人民政协事业一定会迎来更加辉煌的未来，中华民族的伟大复兴一定会实现！

# 携手共进为政协事业贡献力量

姜海亮①

在新中国成立 75 周年之际，我作为平房区政协十届的一名政协委员，深感荣幸能够站在这个舞台上，与大家共同回顾人民政协的辉煌历程，分享我履职的点滴体会，展望人民政协事业的美好未来。

加入政协让我亲身经历了平房区人民政协在推动我区经济社会发展中的重要作用。我们深入基层，了解民情民意，积极建言献策，为区委、区政府的决策提供了有力的参考。在政协会议中我们围绕中心、服务大局，就经济建设、政治建设、文化建设、社会建设、生态文明建设、医疗社区服务等方面的问题，提出了一系列具有针对性、可操作性的意见和建议。这些建议得到了区党委、政府的重视和采纳，为推动我区各项事业发展发挥了重要作用。

在履职过程中，我也深刻感受到了政协委员的责任与担当。我们不仅要关注国家大事、民生问题，还要积极参与政治协商、民主监

---

① 平房区政协委员，哈尔滨创领科技有限公司（冰城网）副总经理

督、参政议政等各项工作。我们要不断提高自己的政治素养和履职能力，以更加饱满的热情和更加扎实的工作作风，为人民政协事业的发展贡献自己的力量。

在政协这个大家庭里，我深刻感受到了团结合作的力量。我们愿与各界人士广泛交流、深入合作，共同为推动我区经济社会发展出谋划策。无论是调研活动还是座谈会，我们都能畅所欲言、集思广益，这种氛围让我深感温暖和备受鼓舞。同时，我也见证了人民政协在创新实践中的不断探索。我们积极探索履职新方式、新方法，通过开展网络议政、远程协商等方式，拓宽了委员履职的渠道和平台。这些创新实践不仅提高了我们的工作效率，也增强了政协工作的时代感和影响力。

姜海亮

姜海亮在倾听讲解员讲述东北抗日联军人民英雄的事迹

  在区政协领导的领导下，2024 年 4 月 1 日在清明节之际我有幸参加兴建街道政协委员工作站组织部分委员赴哈尔滨烈士陵园开展"清明祭英烈 共铸中华魂"主题活动。哈尔滨烈士陵园庄严肃穆，烈士纪念碑高耸入云，仿佛在向我们讲述着那段波澜壮阔的革命历史。陵园内的每一块墓碑，都铭刻着一位烈士的英勇事迹，他们的生命虽然短暂，但他们的精神却永垂不朽。本次活动，我带着孩子一同参加纪念英烈的活动。我牵着孩子的手，走过一排排整齐的烈士墓碑，心中涌起无尽的敬意。这些烈士为了国家的独立和人民的幸福，不惜付出生命的代价，他们的英勇事迹将永远铭刻在历史的长河中。身为政协委员，我深知传承红色基因、弘扬革命精神的重要性，因此特意选择在这个特殊的日子，带着孩子一同感受那份沉甸甸的历史厚重感。烈士纪念馆内陈列着大量珍贵的历史文物和照片，生动再现了革命英烈们为了民族独立和人民解放而英勇斗争的壮丽画卷。看着孩子认真聆听、仔细观看的样子，我感到十分欣慰。我相信，通过这次活动，孩子能够更加深刻地理解历史、铭记英雄，从而更加珍惜现在的幸福生活。

通过这次活动，我深刻感受到了英烈们为了民族独立和人民幸福所付出的巨大牺牲。他们用自己的鲜血和生命谱写了一曲曲壮丽的英雄赞歌，为我们后人树立了光辉的榜样。同时，我也看到了孩子们对英烈的敬仰与感激之情，他们纷纷表示要珍惜来之不易的幸福生活，努力学习，将来为祖国的建设贡献自己的力量。在今后的工作中，我将积极发挥政协委员的作用，推动社会各界加强对青少年的革命传统教育，引导他们树立正确的历史观、民族观、国家观，培养他们的爱国情怀和奉献精神。

此外，我也将积极参与兴建街道的各项工作中去，为推动社区建设和发展贡献自己的力量。我相信，在大家的共同努力下，我们的社区将会变得更加和谐、美好。在未来的日子里，我将继续以政协委员的身份，积极参与各种社会公益活动，为传承红色基因、弘扬革命精神贡献自己的力量。我相信，只要我们齐心协力、共同努力，就一定能够为实现中华民族伟大复兴的中国梦作出更大的贡献。

作为一名政协委员，我深感责任重大、使命光荣。在履职过程中，我始终坚持深入基层、深入群众，了解民情、反映民意、集中民智。我积极参与政协组织的各项活动，就教育、文化、环保等社会热点问题提出意见和建议，努力为人民群众发声，为党和政府决策提供参考。同时，我也注重加强自身建设，不断提高政治素质、业务能力和工作水平，以更好地履行委员职责。

展望未来，我对人民政协事业充满信心。我相信，在党的领导下，人民政协将继续发挥独特优势和作用，为推进国家治理体系和治理能力现代化作出新的更大贡献。我们将进一步加强政治协商、民主监督、参政议政工作，推动协商民主广泛多层制度化发展；我们将不断创新工作思路和方法手段，提高履职能力和水平；我们将更加紧密地团结各党派团体和各族各界人士，共同为实现中华民族伟大复兴的中国梦而努力奋斗。

最后，我想用一句话来表达我对人民政协的真情实感："人民政协是党和政府联系群众的桥梁和纽带，是社会主义民主政治的重要形式。作为政协委员，我将继续发挥自身优势，积极履职尽责，为人民政协事业的发展贡献自己的力量。"

让我们携手共进，共绘新时代人民政协的宏伟蓝图！

# 我在政协这些年

潘　洋[a]

回想 2017 年元月，政协哈尔滨市第十三届委员会第一次会议隆重举行，我作为政协常委第 15 次坐在主席台上，并代表民盟哈尔滨市委在大会上作第 12 次发言，心情无法用语言描述。

我来自美丽的边陲重镇佳木斯，但我已经把自己当成这片宝地上土生土长的哈尔滨人了。我在哈尔滨已经整整度过了 32 年，我的心已经在这里扎根，我的血脉已经融入了这座城市。它的风土人情、它的建筑风格、它的艺术情操，它的一切都让我深深迷恋。

1991 年，我单枪匹马来到哈尔滨创业，成立了海润国际广告公司，在激烈的市场竞争中逐渐地站稳脚跟，发展壮大。1995 年开始，我做了六届市政协委员、常委，两届平房区政协委员，2023 年 1 月又当选省政协常委。转眼间，在这神圣的岗位上已近 30 年。每一次参会，每一次发言，都让我倍感荣耀，而每一次我的感受又都不一样。

---

① 平房区政协委员，海润集团·海润国际文化传播股份有限公司董事长、总裁

潘洋

有时候，我是代表我个人，更多的时候我是代表组织。最重要的是经历黑龙江省、哈尔滨市以及平房区日新月异、翻天覆地的变化，让我在参政议政中感到无比骄傲和自豪。

在政协做委员越久，越让我感到政协仿佛是一座议政的庄严殿堂。进入政协，每个人都是心系社会发展的"政治家"；这里虽没有官员，但每个人都是社会的一分子；这里虽没有老师，而每个人又都是大师，你能学到的东西太多了；这里的人来自各行各业，每个人都用自己独特的视角，雕琢、审视、维护、改善着我们共同的家园。我想，正是因为把城市当成我们的家，这里的每个人才会积极地去发现、挖掘各种关乎民生的社会问题，想方设法地努力找出解决这些问题的办法。

还记得2014年市政协十二届三次全会上，我代表市民盟、市政协城建委宣读《关于加强生态环境保护，建设"美丽哈尔滨"的建议案》。这是我第一次以政协全会名义提出的建议案。2015 年，这个建议案获得省政协优秀工作创新奖一等奖。我个人撰写的《关于如何进一步加强与规范住宅小区物业管理的建议》提案，也被审定为当年市政协的重点提案。

我之所以选择就小区物业管理这一领域的问题提出建议，是因为2014 年的一篇新闻报道引起了我极大的关注。报道中介绍，哈尔滨仲裁委员会当年受理的物业服务纠纷案占总案件数的 35.79%，高居各类仲裁案件榜首。我通过了解和走访，发现身边很多人都遇到"物业问题"，最应该亲如一家的业主和物业为何一时间竟然变得势如水火？带着这样的疑虑，从当年 11 月开始，我利用一个多月的业余时间，

1991 年，潘洋单枪匹马来到哈尔滨创业，成立了海润国际广告公司，在激烈的市场竞争中逐渐站稳脚跟，发展壮大。33 年来，海润传播凭借强大的广告整合代理能力，创造了"药品集群""食品饮品集群""通信集群""金融保险集群""科技能源集群"及"城市文化旅游集群"六大客户集群服务模式，为黑龙江省及哈尔滨市的社会进步、经济发展、文化繁荣作出了卓越贡献

带领民盟市委机关的同志开始了大量的调研走访工作，对哈尔滨不同类型的小区物业情况及高、中、低档的物业公司进行了详细了解，对经常出现的物业问题进行了深入调研。小区的和谐是整个社会和谐的基础，而物业管理水平则是体现和谐社会的重要指标。随着新的《物业管理条例》正式实施，有效地解决了如物业企业擅自涨价、物业企业中途弃管、小区内公共场地对外收费等热点问题，这样既有利于城市综合管理水平的提高，也有利于改善居民的生活环境。虽然新的管理条例已相对完善，但实施之后发现，还是有很多问题没能得到妥善解决。其中有物业公司的问题，有业主的问题，也有很多"历史遗留"问题，而这三大问题的背后，又映射出"物业公司与业主间缺乏有序有效的沟通平台"这一根本问题。

想要解决这四大问题，必须从业主、物业公司、监管部门等多方面角度去思索，以不同的身份来斟酌解决方案。通过与多方的沟通和调研，深入多个小区进行实地考察，总结出几大解决问题的关键词：职责、监管、意识、平台、扶持。即划清（认清）职责，加大监管力度，惩罚分明，增强公共责任意识，搭建沟通交流平台，对物业行业进行政策扶持。有调研才有依据，有依据提出的解决方法才能切实有效。最终针对四大问题，提出了四大解决方案，因而这一提案获得了广泛认可。

我在政协工作近30年，政协是我人生中最重要的一所"高校"，它让我明白了，作为政协委员，要牢固树立为经济建设服务的大局意识，更好地发挥人民政协的职能作用，注意调查研究，提高参政议政的质量。我还懂得了"让你代表人民发言，就一定要发现人民生活中的问题"，并呼吁政府有关部门去解决问题。

身兼区、市、省政协委员、常委和传媒人多重身份，我一直在思考如何用我的优势和特长，更好地履行政协委员的职责，更好地为哈尔滨的发展献策献力，催促冰城的魅力之花尽情怒放。

当前文化产业的发展与振兴被推向了空前的高度，尤其是在国家提出文化兴国战略特别是提升生产力这个伟大举措后，文化产业、数字经济已成为中国经济发展的支柱型产业，得到国家的高度重视和大力扶持。作为文化产业重要支柱之一的广告传媒业迎来了高速发展的契机。海润国际传播集团作为乘改革开放之风较早成长起来的中国广告一级优质企业代表，可谓受益良多；我作为近30年的政协委员、政协常委，目睹我省、我市、我区经济建设举步如飞，城市发展一日千里，可谓感触颇深！这些年，我一直以身为政协委员为荣。伴随着我的荣誉和光环，也深感肩上担子的沉重，更瞩目这片热土上沸腾的希望……"路漫漫其修远兮，吾将上下而求索"，今后我将一如既往地用我的热情与激情参政议政，忠实地履行自己的神圣使命，以传媒人的视角献策献计，为黑龙江省、哈尔滨市、平房区的经济腾飞奉献智慧和力量。

# 政协与我的这些年

张明亮 [①]

日月其迈，岁律更新，平房区政协已经走过了 40 个春秋。2021 年 12 月，我荣幸地被推选为第十届政协委员，至今已有 3 年的政协履职经历。回首往事，当我第一次步入政协会议庄严的会场时，既欣喜又紧张，一种神圣而光荣的责任感和自豪感油然而生。我深知这一履职之路任重道远，政协委员的身份催促着我要提高思想、政治进步、行为自律、锤炼本领、用心履职，当好党和政府联系界别群众的桥梁与纽带，做好统一战线工作，努力做一名合格的政协委员。

在担任政协委员的这些年里，我深刻感受到了政协作为社会主义协商民主重要渠道和专门协商机构的独特地位。在政协的平台上，不同界别的委员们可以围绕国家发展大计和民生关切问题，畅所欲言、集思广益，共同为国家的发展和社会的进步贡献智慧和力量。2024 年 2 月，在平房区政协十届三次会议的分组讨论中，我们文化科技讨论

① 平房区政协委员，航空工业哈飞飞机设计研究所动力设计室动力设计员

组围绕如何借哈尔滨冰雪经济热度带动平房区经济发展的议题同平房区文旅局的相关领导展开了热烈的讨论。文化科技组的委员们来自不同的领域，有的来自知名企业，有的从事投资发展，还有的致力于传统文化的传承与发展。大家从不同角度提出了自己的看法和意见，分享自己在实践中的所见所闻、心得体会和宝贵经验。这些深入的讨论和交流，不仅增进了委员们之间的了解和友谊，更为推进平房区的文化传承和经济发展提供了宝贵思路和建议。同时让我在这次讨论中充分了解了自己与其他委员的差距与不足，开始潜心学习、深学广储，全面充实自己。

在我的政协生涯中，我参与了多次调研活动，让我有机会深入基

张明亮

层了解民生，也让我更加明白政协工作的意义所在。2023 年 3 月 15 日，作为区政协文化科技组的一员，我参加了"传达两会精神，助力数字龙江"主题学习研讨活动，考察了黑龙江亿林网络有限公司，通过孙甲子委员的细心讲解和介绍，我切身感受了国家发展数字经济的重大战略意义、目前我省发展数字经济面临的困难和不足、数字经济和实体经济相融合对经济振兴的重要作用、数字化浪潮下实现"换道超车"及经济社会高质量发展的我省数字经济发展现状。同年 6 月 14 日，区政协组织委员实地调研了保国街道花卉社区和新伟街道万米社区的智慧社区建设情况。通过实地参观、座谈讨论等方式，使我了解了走在全省前列的"1+4"智慧养老服务体系、"数字社区 + 天大小事 + 智慧创新应用"社区治理新模式。通过一次次深入基层调查研究，让我深深感受到平房区稳步发展的态势，平房区委、区政府在提升广大人民群众的幸福感、安全感和满意度的道路上一直努力着。也让我在今后的参政议政工作中，能够结合区域发展趋势，精准选题开展各项调查研究，切实做到了把履职工作融入全区发展的大局中，坚定"肯担当"的意识，提升"善担当"的本领，交出合格的"履职作业"。

政协是一个充满爱心和温暖的队伍，在政府和群众之间充分起到了良好的沟通桥梁作用。建安街道政协委员工作站积极组织委员开展各类志愿服务活动，面对面、心贴心、实打实地为民服务，让更多群众感受到民生福祉的"政协温度"。我积极响应建安街道政协委员工作站的号召，参加建安街道建国社区的爱心义诊志愿服务活动，为辖区 65 岁以上老年人提供免费健康问诊体检服务，与其他参与活动委员们一道，早早地来到体检现场，换上志愿者服装，投入群众疑问解

2023 年 3 月 15 日，张明亮参加文化科技组 "传达两会精神，助力数字龙江" 主题学习研讨活动

答、发放健康知识宣传单、介绍体检流程、维持现场秩序、帮助老人穿脱衣服、协助医务人员取送样本等紧张工作中，用微笑和真诚为参加爱心体检的老人提供贴心、暖心的服务，热情周到的服务也得到老年群众的一致好评。为了帮助困难家庭孩子实现求学梦想，我积极组织所在单位的党外人士联谊会，成立了爱心助学小队，并与建安街道辖区东安英才中学的一名特困学生建立了长期一对一帮扶关系，为该同学捐赠了助学款，送去了学习用品和生活物资，让其切实感受到温暖与关爱。

在履职的这几年中，政协委员的使命感激励着我克服困难，鼓舞着我履职尽责，激发着我以更大的热情做好本职工作。为充分利用好话语权和影响力，促进提案成果转化，在平时工作生活中，我更加关注社会的热点、难点问题，随时倾听民声、收集民意。在过去的 3 年里我提交了 7 份提案，其中《关于科技创新的建议》被区政协评为

2021—2023 年度优秀提案。当提案内容转化为改善民生，提高企业科技竞争力的直接成果时，我的内心感到莫大的欣慰和幸福。一个个微建议得到督办，一篇篇提案转化为实际举措，一件件平凡小事得以落实解决，为百姓办实事、为企业解难题，才是我们作为政协委员的价值所在。

新的时代赋予新的使命，新的使命呼唤新的担当。在未来的日子里，我将继续深入学习党的路线方针政策，不断提高自己的政治素质和参政议政能力。我将继续关注社会热点、难点问题，积极反映民意，为群众排忧解难。同时，我也将加强与其他委员的交流合作，共同推动政协工作的创新发展。

回望过去，我为自己能够成为一名政协委员而感到骄傲和自豪。展望未来，我深知前方的路还很长，但我有信心、有决心，继续前行在这条充满挑战与机遇的道路上。我相信，在全体政协委员的共同努力下，我们一定能够为实现中华民族伟大复兴的中国梦贡献出更多的智慧和力量。

# 在政协履职中传递爱与责任

孙玉凤[1]

身为一名宗教界人士，我对中国人民政治协商会议的最初认识来源于学生时代政治和历史课程，当时给我留下的印象是：政协的形成与新中国的成立与发展相同步，是我国政治生活中发扬社会主义民主的一种重要形式，是具有中国特色的制度安排。就读神学院期间，通过学习中国基督教三自爱国运动的历史，我深刻认识到了政协作为中国人民民主统一战线组织的重要意义和作用。人民政协不仅为新中国的成立作出了重大贡献，同时也推动中国基督教摆脱了西方传教士的控制，实现了真正意义上独立自主。

2012年，我开始负责哈尔滨基督教松北礼拜堂的工作。2016年，我成了松北区一名代表民族宗教界别的政协委员，在政协平台与来自各行各业的政协委员相知相熟，积极开展调研协商、视察监督，通过提案、大会发言、社情民意议政建言，共同履职、共助发展。几年

---

[1] 松北区政协委员，哈尔滨市基督教两会秘书长

孙玉凤

间，我深刻感受到新区蓬勃发展的巨变，也深刻感受到了新时代政协的独特优势和所展现出来的政治活力。

## 帮助贫困家庭重燃希望

精准扶贫，是我在政协工作中感触最深的一项工作。我们在青山镇匡家地区探望偏远乡村的贫困户和孤寡老人时，贫困家庭的生活状况让我感触颇深，深感肩上的责任重大。为了帮助他们摆脱困境，我积极组织扶贫活动。记得有一次，我们走进了一个贫困家庭，那是一个简陋的土坯房，屋里光线昏暗，墙壁斑驳。家中的老人体弱多病，孩子穿着破旧的衣服，眼神中透露出对生活的迷茫。我们送去了一些大米、豆油等生活必需品，看到他们眼中闪烁的感激之光，让我明白这些看似微薄的帮助，对他们来说却是雪中送炭。除了物质上的帮助，我们更注重精神上的关怀。我们认真倾听他们的心声，与他们进行深入的交流，鼓励他们树立生活的信心。在扶贫的道路上，虽然有许多令人心酸的场景，但我们也见证了更多家庭走出困境，过上更好的日子。这让我坚信，每一份付出都有其价值，每一个微小的帮助都可能成为他们生活中的一道光。

## 办好民生事

关注民生福祉是每一名政协委员的神圣职责。近几年，我先后参加了区政协组织的"社区居家养老""司法服务平台建设""供水项目"等调研视察活动，撰写了"推进就业创业""规范交通秩序"等内容的提案，把智慧和力量凝聚到尽责为民上。2023 年 9 月，我在政协松浦街道工作室履职时，有居民反映水压不足、经常停水的问题困扰群众已久。于是，我们便到小区内实地了解居民用水情况，与街道办事处、供排水公司、居民代表等共同协商，最终达成共识：在小区水箱上安装安全阀门，提高蓄水能力，保障供水稳定。区政协为广大政协委员搭建了协商在基层的平台，让我们能够深入基层、贴近群众、积极建言，当好党和人民群众的"连心桥"，把群众最关切的事办好、最牵挂的事办实、最希望的事办成。当看到居民们能够用上干净、充足的自来水，那种满足感无法言表。

孙玉凤组织开展"法治宣传进社区、进校园"活动

## 法治进校园　护航学生成长

育人以法，润物无声。为提升未成年人安全意识和自我保护能力，帮助未成年人系好人生第一粒"法治纽扣"，我所在的政协六组，也是民族宗教侨台界别组，决定开展一系列法治进校园活动。我们组政协委员中有许多来自司法界别、教育界别的能人志士，利用这一优势，2024年6月，我们请松北法院二级法官王美微和党东月律师分别到新区二校和华文学校进行法律宣讲。"校园欺凌是什么""校园欺凌有哪些危害和后果""遇到校园欺凌，我们应该怎么办"，这些问题都在宣讲中通过以案释法等方式予以解答，引导同学们充分认识校园欺

凌的危害性，正确处理和应对校园欺凌行为，提高安全防范意识和自我保护能力。孩子的明天就是祖国的未来，希望通过我们政协委员的积极履职，让法治精神在孩子们心中生根发芽，让每一个孩子都能在安全、和谐的环境中成长，让校园成为他们梦想起航的地方。

明镜所以照形，古事所以知今。多年政协委员的履职工作让我深刻地体会到，每一份提案、每一次调研，都可能改变一些人的生活，都会为社会的发展注入一分力量。从扶贫助困到公益捐赠，从法律宣传到民生调研，每一步都充满了挑战，但也收获了满满的感动和成长。政协为我提供了一个广阔的舞台，让我能够将信仰与社会责任相结合，用实际行动诠释爱与关怀。我想政协委员不仅仅是一个称号、一份职务，更是一份使命、一份对社会的责任、一份对人民的深情。想要成为合格的政协委员，需要积极进取不懈怠，在履职过程中不断反思自身的不足，保持工作热情，全面增强履职本领。在未来履职的日子里，我将继续在政协岗位上深耕，在自己擅长的领域深入调查研究，与其他委员形成良性互动，为解决更多的民生问题贡献自己的力量。

栉风沐雨砥砺行，春华秋实满庭芳。2024年是人民政协成立75周年，也是我在松北区政协履职的第8年，在这期间，我多次被评为"优秀政协委员"。我相信，只要我们心怀信念、坚持不懈，就一定能够让社会变得更加美好，让人民的生活更加幸福。我也希望能够带动更多的人加入到关注民生、服务社会的行列中来。我深知，政协工作任重道远，但我愿意在这条道路上坚定地走下去，用我的真心、真情、真意，为这片土地上的人民，创造更多的温暖和希望。

# 政协委员履职记

谢莉莉[1]

2021—2024 年，这三年在我的人生中是非常重要的一个时间段，我亲眼见证了新区在经济发展、民生改善、社会和谐等各个方面所取得的巨大进步，并作为一名政协委员深度参与其中。在这里我很迫切地想与大家分享我履职期间的一些经历以及内心的真实感受。

谢莉莉

---

[1] 松北区政协委员，朝喜（哈尔滨）文创动漫科技有限公司项目总监

## 为经济发展助力，共筑繁荣新篇章
### 深入调研、精准施策，为发展献计献策

身为政协委员，我深知肩上的责任重大。从刚刚加入区政协这个大家庭就看到我们小组成员在参政议政的舞台上发光发热，更在推动经济发展的道路上"大显身手"，令我钦佩不已。我立志化身为"侦探"，跟随政协调研的队伍深入企业、园区，开展实地调研，寻找发展的瓶颈与潜力，力求为地区发展贡献自己的智慧和力量。

加入政协的第一年，因为我自己所处动漫创意设计制作行业，在经营管理过程中，人才培养、内容创新等方面我遇到了不少挑战。我曾撰写了一份提案，建议优化人才政策、加大对动漫产业的扶持力度。区委、区政府很重视我的提案，相关部门也积极响应。如今，黑龙江省将文化创意产业作为主要发展的产业，我们行业即将迎来新的机遇，产业环境焕然一新，企业创新能力大幅提升，未来将为经济发展注入新的活力。

### 引进优质项目，推动产业升级换代

在关注动漫企业发展的同时，我希望积极引进优质动漫产业项目，期待着在新区建立起超大规模的创意设计以及动漫制作基地项目。这个项目的到来，将为新区带来"动漫的春天"。作为新质生产力的一分子，不仅能带动当地就业，还能推动动漫产业的转型升级，为经济发展增添新的动力，也将为黑龙江文旅的高速发展注入强大的动能。

## 关注现代农业，促进农村经济发展

现代农业的发展作为黑龙江省的战略定位，是非常重要的。我区政协二组的委员就有科技农业界别的委员，为我们带来很多现代农业的知识。我深知农业是国民经济的基础，是稳定国家的重点，也是地区经济发展的重要支柱。因此，我带着求知的心情走进新区蓝靛果科技种植产业园区，与技术负责人面对面交流，了解科技为农业带来的进步。我发现，在种植技术科技化、农产品在线销售等方面我们的农业科技发展已经到了一个新的高度，未来我省的农业发展将会有非常辉煌的成就，我希望全国人民都能关注到我们新型农产品，我们优质的产品需要大力宣传推广。我积极呼吁并推动相关部门加强农业技术培训，提供农产品销售渠道的支持。同时，我也建议政府加大对农业的投入和推广宣传力度，促进我省农村经济的爆发式发展。

## 拓展市场边界，促进交流合作，实现共赢发展

我在公司的经营中，一直期待能用自己的力量推动我省动漫产业发展，并深知拓展市场、促进交流合作的重要性。2023 年，省委宣传部在新区重点打造了哈尔滨创意设计中心，这是我梦寐以求的一个产业环境。在成功入驻工作室模块后，还联合中心积极组织了一系列动漫产业交流活动，与各大高校、企业建立了广泛的联系和合作关系。2024 年 4 月，举办了"AI 技术大讲堂暨版权保护研讨会"，这样的交流活动不仅能为新区的企业提供创意宣传技术能力"走出去"的机会，让他们能够拓展更广阔的市场空间，同时也能把更好的创意设计

技术"引进来"，学习更加高效、先进的技术和管理经验，提升自身竞争力，让新质生产力为我们区的企业焕发出更强烈的生命力。

## 关注民生福祉，让幸福之花绽放
## 呵护学生身心健康，让每个孩子都能快乐成长

在履职期间，我与同组的姜莉莉委员深入学校、家庭进行走访调研，与学生、家长、教师面对面交流，倾听他们的声音和诉求。姜莉莉委员针对当前学生课业压力大、心理健康问题凸显等现状，积极呼吁并列举了一系列切实有效的措施。我对她的提案也进行了学习和研究。

姜莉莉委员提议要加强心理健康教育课程的设置和师资培训，配备专业的心理咨询师为学生提供心理咨询服务。同时还需要加大体育设施的建设和投入力度，鼓励学生积极参与体育锻炼，增强体质，保持健康的生活方式。通过这些努力，为学生营造一个更加健康、快乐、和谐的成长环境，让他们能够全面发展、茁壮成长。

未来，我们将继续关注学生的身心健康问题，为他们创造更加美好的成长环境，因为他们是祖国的希望，是"中国梦"的见证者和实践人。希望未来能够每天都看到孩子们脸上洋溢着幸福的笑容。

### 关爱弱势群体，让社会充满温暖

作为政协委员，我始终牢记自己的职责和使命，关注弱势群体的生活和需求。我们政协二组深入福利院等地进行走访调研，与福利院儿童等弱势群体面对面交流，了解他们的困难和需求。

针对困难群体，我积极呼吁并推动相关部门制定了一系列帮扶政策和措施。我们呼吁加大对残疾人就业创业的扶持力度，为他们提供更多的就业机会和创业支持；呼吁加强对老人和留守儿童的关爱和照顾，为他们提供更多的生活帮助和心理支持。同时，我们还需要加强社区建设和管理，提高社区服务水平，让弱势群体能够感受到社会的温暖和关爱。

这些努力不仅能改善弱势群体的生活状况，也能增强社会的凝聚力和向心力。我相信只要我们每个人都能够关注并帮助这些困难群体，我们的社会将会变得更加美好和温暖。

## 加强学习交流，提升履职能力

作为政协委员，我深知自己肩负的责任和使命。为了更好地履行自己的职责和使命，我不断加强学习交流，以提升自己的履职能力。我积极参加各种培训和学习活动，学习政治理论、法律法规、经济法规等方面的知识。同时我还积极关注国内外政治经济形势和社会热点问题，了解最新的政策和动态。这些学习不仅让我更加深入地了解了国家的大政方针和决策部署，也让我更加清晰地认识到自己的职责和使命。此外我还积极与其他政协委员进行交流和合作。我们共同探讨问题、交流经验、分享心得，共同为推动经济社会发展和民生福祉贡献智慧和力量。这些交流和合作不仅增强了我们之间的友谊和信任，也提高了我们的履职能力和水平。

未来我将继续加强学习交流，提升自己的履职能力，更好地履行自己的职责和使命，为推动经济社会发展和民生福祉贡献更多的智慧和力量。

# 历尽沧桑初心不变
# 扶贫济困担当勇为

徐　忠①

再回首沧桑已过 20 载，看今朝畅想新的未来。在时光的长河中，总有一些瞬间如同璀璨星辰，照亮着前行的道路。作为呼兰区一名政协工商二组的老政协委员，我深知肩上的责任重大，这份责任不仅仅是荣誉的象征，更是对人民信任的回馈，是对经济社会发展的助推。在过去二十几年的履职过程中，我始终秉持着"人民政协为人民"的初心，以实际行动践行委员职责，助推我区经济发展，改善民生福祉，促进社会和谐，与人为善扶贫济困留下了一串串坚实的足迹。

我在 2002 年成为呼兰县最后一届政协委员（后来撤县变区），已经连任五届政协委员了。20 载春夏秋冬我见证了呼兰区政协的发展历程，同时也验证了我这名老委员的实际行动。政协委员这个名词既神圣又伟大，自成为政协委员的那一刻起我就想作为一名政协委员，我应该做点什么，怎样为经济社会发展履职尽责、建言献策，怎样奉献

---

① 呼兰区政协委员，哈尔滨市呼兰区天峰酒业董事长

徐忠

社会勇于担当。除此之外我具体要做的是与人为善扶贫济困，我要尽最大努力、尽最大所能关心帮扶像我当年一样贫困的家庭和孩子，让他们感到党的关怀和社会的温暖。20多年来我在捐资助学、社会救济和公益赞助方面出资数十万元。

## 一、助推经济发展，绘就繁荣画卷

经济是发展的命脉，是推动社会进步的重要引擎。作为政协委员，我深知经济发展对于改善民生、提升群众幸福感的重要性。因此在履职期间，我将助推经济发展作为首要任务，积极建言献策，助力经济实现高质量发展。经过深入企业调研，认真听取了解企业发展中的痛点与难点，了解他们的所需所盼所求，积极向政府反映企业诉求，推动出台了一系列惠企政策，如减税降费、创造优良营商环境、融资扩产增强企业抵抗力等一系列举措，有效缓解了企业经营压力，激发了市场活力和竞争力。同时我还积极参与全区招商引资工作，利用自身资源和人脉优势，和省内外大公司、大企业进行穿针引线搭桥协调工作，为助推我区经济发展注入了新的动力。

在推动产业升级方面，我更是不遗余力。我深知传统产业转型升级的紧迫性和重要性，因此积极倡导并推动传统产业与新技术、新业态、新模式深度融合，助力企业实现转型升级。充分利用线上资源发挥利用好新质生产力拓展销售业绩，通过一系列努力，我区产业结构不断优化，新兴产业蓬勃发展，为经济发展注入了强劲动力。

## 二、公益事业促进民生改善，扶贫济困温暖人心

民生无小事，枝叶总关情。在推动经济发展的同时，我始终将改善民生作为一名政协委员的出发点和落脚点。为响应国家全民健身号召，增强群众体质，丰富群众精神文化生活，我连续多年牵头组织全区企事业单位篮球赛和全区政企联动共融发展寻美呼兰徒步活动。这些活动不仅促进了各企事业单位之间的交流与合作，还激发了群众参与体育运动的热情，营造了积极向上的社会氛围。每当看到赛场上奋力拼搏的身影和观众席上欢呼雀跃的脸庞时，每当看到徒步健儿迈着矫健步伐冲向未来的终点时，我都深感自己的付出是值得的。同时我还组织全市绘画爱好者，弘扬老区精神传承红色文化，绘画未来萧乡书法绘画作品赛。纪念中华传统文化节日端午节，开展七彩呼兰诗歌朗诵和包粽子比赛，在萧红纪念馆为呼兰八中学生捐赠图书活动，激发他们从小树立远大理想并热爱共产党，厚植没有共产党就没有新中

国的理念。为弘扬优良传统文化，传播红色基因共筑中国梦，在八一建军节期间向我们最可爱的人——军人献上了最真挚的祝福与祝愿。

一方有难，八方支援。这些年来在各地的危难时刻，我都挺身而出，不论是抗洪抢险、地震险情，或者帮助贫困地区的失学儿童，我都冲锋在前勇于担当。

关怀老军人及其家属是我格外注重的事情。20年来我始终坚持帮助看望慰问抗美援朝和抗日英雄老兵，为他们送去米面粮油和现金等生活必需品，并倾听他们那些惨烈的战斗故事和人生经历，在他们身上我看到了老一辈革命先烈保家卫国的奋战精神，感到新中国的来之不易，老兵的精神激励我们尽职尽责多献爱心，他们是我们最可爱的人。这些老兵是我们民族的脊梁和骄傲，他们的无私奉献和英勇牺牲值得我们永远铭记和学习。呼兰区康金镇白家村有六户贫困家庭，其中有两户极为特殊，一位是92岁抗美援朝老兵孟庆武（2020年10月6日离世），他16岁在呼兰入伍，一生曾经参加过锦州战役、四平战役等17次战役，从黑龙江一直打到海南岛直到解放全中国才回来。他口述说：在打四平战役时，林彪是这次战役的总指挥，当时他们一个营的兵力打到最后只剩下几个人了，战场上死尸遍地血流成河，说到尽头时老人眼泪都流出来了，他从死尸堆里爬出来捡了一条命才活到今天。聆听他讲述那些惨烈的战斗情景，在他的身上我看到了老一辈革命先烈英勇奋斗的精神。他感谢人民感谢共产党，老人家的思想觉悟非常高尚。这位老兵虽然不在人世间了，但是他的精神还在，他为了解放全中国连死都不怕的精神更加值得我们学习，我们依然每年还去看望这位老兵智力存在缺陷的儿子。还有一位是96岁抗日战争老兵王有财，他也打过数次战役，军功章无数枚，我现在依然在看望关照他们。

捐资助学帮助贫困学生完成学业同样是我所坚持在做的。呼兰区长岭村胡文秀家是我重点关注的一个家庭。这是一个不幸的家庭，我了解到他有一个十几岁的孩子胡延超，父子俩相依为命地过着艰难贫困的生活。几年前胡文秀因车祸导致下身残疾丧失劳动能力致使家庭生活十分艰难，妻子因此在后来另嫁他人，当时他带着一个上小学的儿子一起生活，生活的艰辛程度可想而知。得知此事后我驱车前往实地考察了解实情，和胡文秀交谈，鼓励他一定要把孩子养大成人，成为祖国的有用人才。时间过得好快，转眼间孩子中学即将毕业，我和胡文秀商量把孩子送到哈尔滨市劳动局主办的哈尔滨市职业技术培训学校学习汽车维护与维修专业。经过三年的资助，孩子顺利完成了学业并且被分配到一家 4S 店工作，成为一名对社会有用之人。孩子现在还时常发来信息给我汇报一下工作，他表示一定要努力工作，诚实做人做事，将来也成为一名企业家报答恩人、回馈社会。

### 三、促进社会和谐，共筑美好家园

社会和谐是经济发展的基石，也是人民幸福生活的保障。在履职期间，我始终将维护社会稳定和促进社会和谐作为重要任务来抓。我积极参与社会矛盾纠纷调解工作，运用自己的智慧和力量化解了一个又一个矛盾纠纷，维护了社会和谐稳定。同时我还积极倡导和推动社会主义核心价值观的培育和践行，努力营造风清气正的社会环境。

此外我还特别关注环境保护和生态建设问题。我深知"绿水青山就是金山银山"的道理，因此积极呼吁和推动政府加大环境保护工作和环境治理力度。通过一系列努力，我区环境质量得到了显著提升，人民群众的生活环境变得更加宜居宜业。

回首过去几十年的履职历程，我深感责任重大、使命光荣。虽然取得了一些成绩，但我也深知自己还存在许多不足和需要改进的地方。在未来的日子里我将继续秉持初心、牢记使命，以更加饱满的热情和更加务实的作风履行好政协委员的职责和使命，为推动经济社会发展贡献自己的力量。

# 我的政协情缘

张相和 [①]

  读书时我就知道，1949 年 9 月 21 日，600 多位各界代表会聚中南海，出席中国人民政治协商会议第一届全体会议，共商建国大计，完成了成立新中国的伟大使命。从那时候起，人民政协作为人民民主统一战线的组织，在中国的发展进程中不断作出重要贡献。在我心目中，政协是非常神圣的，那是个人才荟萃、藏龙卧虎的集体，是党委政府的参谋部、智囊团，加入政协这个大家庭一直是我的梦想。我近 35 年的工作经历，总是和人民政协有着解不开的情缘。同政协结缘是从 2010 年 5 月开始，那一年我有幸担任依兰县政协副主席、统战部部长。2015 年，我三年援疆工作归来，调任五常市委常委、宣传部部长。2018 年 12 月，我担任了五常市政协党组书记、主席一职，之后又光荣地成为一名哈尔滨市政协委员。从此，政协，真正融入了我的生活和工作，我们之间有了千丝万缕、割舍不断的紧密联系。

---

[①]  哈尔滨市政协委员，五常市政协党组书记、主席

如果从小处说，政协是两会上庄严肃穆的国旗国徽，是鲜艳飘扬的五星红旗，是雄壮豪迈的国歌，是"民主监督、政治协商、参政议政"的有力宣誓，是"长期共存、互相监督、肝胆相照、荣辱与共"的庄重承诺，是一篇篇凝聚着政协委员们心血的提案建议。"中国人民政治协商会议是中国人民爱国统一战线的组织，是中国共产党领导的多党合作和政治协商的重要机构，是我国政治生活中发挥社会主义民主的重要形式。"几年的履职实践，更让我深知，政协天空广阔，大有可为。

## 协商为民献真情

以"无我"之心做"为民"之事，彰显人民政协"为国履职、为民尽责"的情怀与担当。围绕"双走进"，我和政协委员、机关干部一道，走村入户，关心贫困群众生产生活，帮助解决实际问题。农业、科技、医药界委员开展"送科技下乡""送医下乡"活动，受益群众1500多人；2023年8月2日，面对超百年一遇强降雨过程引发的历史极端汛情，我们第一时间发出抗洪救灾倡议书，我带领全体机关干部和313名委员迅速奔赴一线参与防汛救灾，第一时间展开救援，紧急转移受灾群众。在小山子镇，我带领乡村干部与洪水赛跑，积极转移老弱病残村民的惊险一幕至今历历在目。在这场抗洪斗争中，我们政协委员和机关干部共捐款捐物380.614万元。其中，市政协常委、乔府大院总经理纪秀英多次捐款捐物达136万元。市政协常委、百汇电器海尔专卖店总经理徐向荣为卫国乡捐赠牛奶、水、火腿肠等生活物资2车，还免费为受灾户检测、维修涉水小家电。市政协委员、蓝天救援队队长王春峰率领86名队员转战牤牛河、磨盘山水库下游的11个乡镇，协助当地党委政府分发物资、安置人员，24小时不间断救援，共安全转移1500多人。广大委员积极团结动员界别群众，围绕灾后重建、提升防灾减灾能力、健全应急处置体系等问题广泛收集社情民意，主动开展调查研究，积极为抗洪救灾及灾后重建工作建言献策。五常抗洪救灾工作在哈市政协、省政协和《人民政协报》上均予以刊发报道，得到了省市政协高度认可。省政协主席蓝绍敏赴五常对抗洪救灾及灾后重建等工作开展调研，并为五常灾区协调了300万元抗灾自救资金。兄弟省市政协为我市灾区提供了无偿援助，长春市南关区政协为我市受灾乡镇捐赠了价值100万元的救援物资，齐齐哈尔市富裕县政协捐赠了价值20万元的叶面肥和杀菌剂。各级政协组织的善行义举彰显了政协情怀，贡献了政协力量。

2024年下半年，暴雨再一次侵袭五常，五常市委、市政府迅速行动，立即组织人员投入防汛抗洪工作中，我也是第一时间奔赴小山子镇汛情严重的村屯，帮助转移群众，研判流经的三条河流。6月27日，60多岁的二河乡村民艾喜林开着农用车到承包志广乡稻田地里干活，突遇上游大泥河河水暴涨，被困大泥河北岸，无奈他只好站在车上等待救援。在得知这一情况后，我和小山子镇党委书记魏占福一起，研究解救方案，亲临实地，组织救援。五常市政协委员焦羽佳带领一名队员和一名知情的村干部开着冲锋舟，在最短时间内将艾喜林从大水中救出，转移到安全的地方。人民政协来自人民，重民生、助民富、畅民意、解民忧、聚民心，实实在在为老百姓做点事，一直是我从事政协工作恪守的初心使命。我每年都组织或参与五常市慈善捐赠活动，为弱势群体奉献爱心。虽然已经离开了自己援疆工作的新疆青河县十多年了，但每年还坚持参加这个县的爱心捐助活动。

## 创新履职显活力

围绕稻米产业提升，我从 2015 年刚刚履新五常市委宣传部开始，就深入思考五常大米产业发展的问题，参与组织首届五常大米节，并到深圳、杭州、北京等地进行宣传推介。到政协工作后，我带领政协委员遍访五常 24 个乡镇，倾听重点行业、重点领域专家的意见，多次形成调研报告建言哈市政协，在哈市政协十四届四次常委会会议上，我作了题为《创意先行，五品发力，全面提升五常大米品牌价

张相和现场调研指导由五常市政协举办的庆祝中国共产党成立 100 周年书画展

值》的书面交流发言，提出"以创意设计高标准打造五常大米原创体系，由单一产业向文化、文创、旅游、数字传媒等多产业生态转变，力求在品牌建设、衍生品开发、营销推广等方面实现突破，全面提升五常大米品牌价值，助力打造创意设计之都"的建议，引起哈尔滨市相关部门的高度重视，荣获 2022 年度哈尔滨市政协工作创新奖一等奖；按照"五个定位""六项内容""七联系""八有"工作要求，五常市政协充分发挥工作站（室）平台载体作用，高标准创建履职阵地，拓展委员联系服务群众"新渠道"，建立委员工作站 35 个、委员工作室 12 个。我们充分发挥工作站（室）平台载体作用，通过开展"委员接待日""咨询服务日"和"微视察""微协商"等活动，围绕合作医疗、社会保障、环境保护、营商环境、文化惠民、节约用水、民族地区基础设施建设等，开展界别特色协商，运用提案建言献策，助推解决民生实事，全市先后涌现出了卫生、教育委员工作站和海明润、乔府委员工作室等精品站（室），有力推进了相关部门转变作风、改进工作，基层协商开展得有声有色、富有成效。《人民政协报》以"委员履职有阵地，服务群众零距离"为题专题报道了五常政协在解决两个"薄弱"、创新政协工作方面的具体做法，我撰写的《推进委员工作站建设、创新政协工作》的文章也被收入由光明日报出版社出版的《政协工作创新实务与委员履职实践探索》一书中，取得了良好的社会反响。2023 年 11 月 20 日，首个哈市政协无党派界别调研基地在我市牛家工业园成立，哈尔滨市政协主席孙坤到五常开发区调研，市委书记杜平亲自参加活动，《人民政协报》头版头条以大篇幅予以报道；2023 年，我们开展 16 项专题调研视察，全年开展调研 29次，形成《关于进一步提升我省粮食综合产能全方位夯实国家粮食安全"压舱石"根基的调研报告》和《关于推进渔业转型升级　助力我省冷水渔业振兴发展的调研报告》均荣获省政协农业和农村委2023年度县（市、区）政协优秀调研成果一等奖。几年来，我组织人员编撰《稻乡情韵》《五常名人传略》《同舟共济》《五常抗日全纪录》《百年辉煌》《五常故事》《稻乡墨相》《稻乡旧影》《山城春晓》等作品集，文史资料24辑。其中，我们五常政协编撰的《抗日英雄汪雅臣》在省政协《资政文史》2019年第13期第一篇刊发。仅2023年，我们编发《五常政协工作简报》12期，征集社情民意信息126篇，全国政协采用4篇、黑龙江省政协采用1篇、《今日头条》新闻媒体采用1篇，信息采用率居哈尔滨市（县）政协第一名，2篇社情民意信息被评为哈市政协优秀社情民意信息，荣获哈市政协社情民意信息报送先进单位和先进个人荣誉称号。我们积极参与哈尔滨市政协各种活动，我有幸被哈市政协邀请为《冰城战"疫"》编委会委员，五常市4名政协委员的作品被收录在《哈尔滨市文史资料》第42辑中。五常市6名政协委员参加了哈市政协委员书画展，以参展作品数量多、质量好受到赞誉，获奖作品被哈市政协《欢庆党的二十大胜利召开——永远跟党走　奋进新征程》作品集收录。2023年我们组织举办了庆"八一"书法展和庆祝中华人民共和国成立74周年书法篆刻展，人民政协网对五常政协委员书法篆刻展进行了宣传报道，展现了五常政协新形象。

## 服务大局勇担当

在履职过程中，我深刻体会到了人民政协的独特优势和重要作用。人民政协作为党和政府联系群众的桥梁和纽带，具有广泛的代表性和包容性。通过政协这个平台，可以更好地反映群众的意见和建议，推动问题的解决和改进。在习近平总书记关于加强和改进人民政协工作的重要思想指导下，人民政协的工作，无论是调研、视察还是专题议政协商，我们都坚持党对政协的全面领导，牢牢把握人民政协的性质定位，紧紧围绕改革发展稳定大局献计出力，充分发挥在协商民主中的重要作用，最大限度团结凝聚力量，重视加强履职能力的建设。

政协委员，既是荣誉，也是责任。黑格尔说过："世上大概有两种人，一种人毕生致力于拥有，另一种人毕生致力于有所作为。"当好政协委员既要致力于对政协知识的拥有，更要致力于有所作为。我努力工作，因为我是政协干部；我心存感动，因为政协是我温暖的家。政协对我情深义重，我对政协满怀赤诚。

2024年，是中华人民共和国成立75周年和人民政协成立75周年，也是实现"十四五"规划目标任务的关键一年，做好今年政协工作意义重大。作为政协委员，我将坚持思想领航，强化使命担当，按照省政协"1158"工作法和哈市政协的要求，更好履职尽责，坚持发扬民主和增进团结相互贯通、建言资政和凝聚共识双向发力，不仅要关注国家大事、社会热点，更要关注民生问题、基层情况，用心倾听群众的声音，"想群众之所想"，积极反映群众的意愿和呼声，用心用情用力为群众排忧解难。同时，不断加强自身建设，创新工作方式方法，探索新的履职途径和形式，提高履职能力和水平，提高参谋助手和服务保障水平，不断谱写人民政协事业新篇章。

# 以感情为导向走入百姓心中

喻绍宏 [1]

我非常幸运，能走进政协这个大集体里，在这个大集体里我的工作能力得到了进一步的提升。作为一个政协委员，我深深地为自己能够在这个集体里为百姓做些事情感到骄傲和自豪。这是我能量的释放，是我价值观的体现，是我人生目标的追求。

在政协这个集体当中，我认真地执行上级领导的工作部署以及各种工作安排，不折不扣、不计报酬地完成我的本职工作，并不断地发展和创新。在工作当中我积极联系百姓，尽心尽力地为群众做更多的事情。在多年的工作当中，我有一个信条，就是只有与百姓建立血和水的纽带联系，用感情引导群众，将感情投入群众当中，取得群众的信任和支持，这样才能更好地做好政协工作，完成组织交给的神圣任务。

感情是心的凝结，感情是情的融合，只有感情存在了，老百姓才

---

[1] 五常市政协委员、爱心志愿者联合会会长

喻绍宏

能够和我们心意相通、情感相融，相信我们、信赖我们，才能说实话、讲真事，我们才能了解真实的情况，从而反映群众的真实的心声。这一信条是我取得成绩的力量源泉之一，是建立工作成果的根基。在我的工作领域当中，有好多用感情连接群众的事情，使我不断地在感情当中升华，在感情当中释放，把我的工作做出光彩、做出温度。

## 一、以感情为承载，在赈灾中释放感情

2023年我市出现了多年不遇的大洪水，受困群众多达几千人。他们有的房屋被冲倒，有的财产受到巨大损失，很多群众只得搬离自己

的村庄，暂时居住到别处。我们作为政协委员，应该深切地体验群众的疾苦，深入到群众当中，向群众伸出援助之手。我们在政协领导的要求和组织下，热情地接近群众，把感情和温暖传递给群众，让群众得到了切实有效的帮助。

我们不但给上级领导部门献计献策，反映灾情和重点工作，还组织自己的团体向受灾群众捐款捐物，让受灾群众切切实实地得到关怀和救助。我接触的是一对和我年龄相仿的夫妻，40岁左右，有一个孩子。他们的房子被大水冲塌了，生活用品也被大水冲走了，一家人暂时寄居在学校中，生活异常艰难。我看到女主人整天面带忧愁的样子，主动地接近她，给她做心理疏导，并进一步了解她的需求。同样身为女人，我非常理解她，问她现在还需要什么。她对我说："政府给提供了住处、食物和水，现在基本生活可以说得到了保障，但是作为生活所需的东西，还缺少很多。比如我的衣服，只剩下身上的，换洗衣物、女性生活用品等，现在都没有了。这些现在成了我生活中的困难。"她也很直爽，把这些事情都跟我直接说了。

我想，作为政协委员，作为女人，一定要给她最实际的关怀。于是，我把我自己近期新买的衣服、日用品都送给了她。她看到我资助的这些东西，感动得落了泪。她把我当成了知心朋友，甚至是姐妹，跟我无话不说，说话的时候眼睛里充满着感激。

看到她的样子，我安慰她说："你们的困难党和国家不会不管的，你们的困难是眼前的，要有信心，要自强自立，渡过眼前的难关。日子一定会好起来的，生活也一定会好起来的。"

她听了我的话，树立起了信心，果然在后来的每一天都充满了乐观的情绪，做每件事都非常勤劳、投入，并且教育她的孩子要有信心，劝导她的丈夫一定要对生活充满希望，不要被眼前的困难吓到。洪水消退以后，他们在政府的支持下重建了房屋，做起了小本生意。园子里又重新种了很多小蔬菜，然后拿去卖。他们有了新的房屋，又有了新的经济支撑，生活恢复了原样。

这是感情的力量，支撑他们的生活重新步入了正轨。我心里特别高兴，有了深深的成就感。感情的力量是无穷的。在工作中付出了真心，才会在群众中收获口碑，起到更加积极的效果。日积月累下来，真挚的心意在群众当中生根发芽、开花结果，展现出一片浪漫美丽的景象。

## 二、以感情为依托，在致富当中投入情感

和百姓在一起，我是他们当中的一员。我对他们真诚相待，和他们交朋友，把他们当作自己的叔伯长辈、姐妹兄弟，我永远和他们在一起，永远和他们以心相通，以情交流，以真情付出。

我接触到的多数都是农民。这些农民有的由于土地少，有的由于劳动力不足，有的由于疾病等，生活不够富裕。针对这类问题，我把他们召集在一起，利用在村头、街口闲聊的机会，给他们开会。我说："你们要改变思想，要有劳动致富的意识，一定要闯出一片新天地，改变自己的生活现状。"然后，我就给他们制定了未来的规划。我的第一个建议是让他们发展旅游业，把自己空置的房屋改成民宿，利用周边环境好、自然景物优美的特点，积极发展旅游业，让游客到自己家来住宿，从而实现创收。第二个建议是让他们积极发展经济作物，不仅局限于种苞米、大豆这些粮食作物，还要发展经济作物，比

如，种药材、种周期短的小菜等。小菜可以种好几茬，而且赶到价格高的时候还能卖上好价钱。第三个建议就是发展养殖业，发展养牛、猪、羊、鸡、鸭、鹅等养殖业，并且形成规模，用科学的方法成批量进行饲养。第四个建议是对于有些残疾家庭劳动力不足的，我让他们发展手工编织，比如柳条编织、塑料条编织、手工制作、木偶制作等。我把这些意向跟他们提出来，并做了详细的规划。

由于我是真心实意提出的规划和发展路径，村民们特别相信我。他们有的将自己的家改成民宿，有的开展种植业，有的发展养殖业，有的开展手工业，多种模式经营，红红火火地在村子里开展起来。一年之后，他们得到了自己的收成，收入提高了 50% 以上，大大地提高了生活水平。生活改善了，实惠得到了，村民们对我更加亲近、更加信任了。

我为我的工作成绩而感到欣慰。我的真情付出改变了村民们的生活现状，这种感情是伟大的，是无价的，是不可替代的。

## 三、以情为媒介，在销售渠道上付诸感情

我给村民提出了发展多种经营的建议，村民也按照我的话进行了实施。但是产品的销售问题仍是一个症结。他们走不出去，看不到外边的天地，更没有广阔的销售渠道与空间。这成了他们发展的桎梏，养出的东西、种出的东西没有销路，成为他们最头疼的问题。

出于对百姓深深的感情，我决心用我微薄的力量去促进他们的销路，去拓宽他们的销售渠道，使他们的产品能够变成财富。

首先，我积极联系有关企事业单位，让他们了解村民的产品，了

解村民现有种养的情况，如果有需求尽量与村民联系。其次，我联系到各家媒体，包括纸媒、网媒，以及我身边的多家媒体，让更多地域的人们去了解这些村民的情况，以便有采购需求的人与他们建立联系，拓展了村民的农产品的销路。此外，我还利用自己的人脉，帮助村民们促销，让周围的人直接购买他们的东西，或者向外呈放射状地去宣传村民们的产品，从而赢得更多的客户。在这种情怀的引领下，我给村民们拓宽了销售渠道，带来了采购客商，他们的产品卖出去了，生活有了巨大的改观。他们也能够安心继续发展和扩大种养规模。

看到由于我的力量改变了村民们的处境，改变了他们的生活条件，改变了他们的精神面貌，我非常快乐。当政协委员这么多年，我一直以情为纽带，把情投入给老百姓，用情去帮助他们发展，让他们过上好日子；用情去唤起他们的真情，在情与情之间产生共鸣。我愿我的情永远是一条美丽的彩虹，连接在百姓的心中，幻化出充满瑰丽梦想的美丽生活。

# 我与政协的故事

赵 仕[①]

初到政协时，任综合秘书。做秘书就是写材料，单位的大小材料都要写。小到通讯报道，大到工作报告、视察考察报告，无一不出自秘书之手。由于我是语文老师出身，进入角色很快，两个月以后，一切便得心应手起来。此后每年都有十几篇新闻报道见诸《北方时报》（省政协刊物），五常市政协工作在省里也是名列前茅。由于工作出色，1994年我被提升为副科级干部，任政协学习提案办副主任、学习提案委副主任。十年的政协工作给了我很多的磨砺，使我成长、成熟起来，成为一名合格的政协机关的工作人员。

在政协党组和主席的领导下，我积极开展学习和提案工作，定期开展提案跟踪问效和视察工作，对公安、交通、城市建设、城镇经济发展、农村经济发展等进行政治协商、民主监督，提出了很好的意见和建议，促进了市域经济的协调发展。当时的学习提案办，还包含政

---

① 五常市政协委员、作家协会主席

赵仕

协的文史资料工作。在我任职期间，市政协每年出一期《五常文史资料》，由我主编。从征稿、组稿到编辑、印刷、出版，都需要做大量的工作。每期文史资料出版后，都受到很高的赞誉和好评。

在政协工作期间，我是很开心和快乐的。领导的关心，同志们的帮助与支持，让我备受鼓舞和鞭策，浑身充满干劲。这让我爱上了政协，觉得来政协是一种缘分。2021年调离政协，又被吸纳为政协委员至今，所以我觉得我与政协的缘分匪浅，可谓不解之缘。对政协也就有了家的归属感。同时，对政协是干什么的也有了更深层次的了解。

政协委员围绕中心、服务大局，通过提案、大会发言、反映社情民意信息等形式和渠道，聚焦党委、政府中心工作以及人民群众普遍关注的重点、难点问题，认真履行职能，并对相关的工作起到积极的促进作用。

我是文化界别的委员，因为我在政协提案办工作过，因此每次政协全会我都会被安排在大会提案组，负责提案收集和审查工作，然后协助领导写出提案工作审查报告，提交大会审议。会议分组讨论，我都要发言，有时还做同期声，为市域经济发展出谋献策。

通过提交提案和社情民意信息，参政议政、履行职能。我的提案，都能得到相关部门的高度重视，并予以及时的处理和解决。譬如市区内交通阻塞的提案：当时的情况，一是实验小学东路，设为单行路，学生上学放学高峰期，拥堵严重，极其影响路人车辆通行和学生的生命财产安全；二是市内街路过窄，三路并行左路单行拐弯标记过多，造成严重堵车现象。现在市内所有单行拐弯标记全部改成了直行带拐弯标记，解决了路堵问题，也方便了百姓和车辆出行。

我还多次参加市政协组织的视察、考察活动。通过对全市的教育、文化、卫生、交通、公安、工业、农业等行业的视察和考察，提出很多可操作性强的意见和建议，对各行各业的发展，起到了促进作用。特别是参加市委书记杜平同志组织的"党代会工作报告"的改稿会，更是让我开阔了视野、增长了才学，感到作为一名政协委员的荣耀、担当和使命。

这就是我与政协的故事。作为一名政协委员，肩头上的使命和责任是重大的。我们要不忘初心、牢记使命，要认真履行政治协商、民主监督、参政议政的职能，做一名合格的政协委员，为促进市域经济发展作出应有的贡献。

# 25 载委员路

刘延功<sup>①</sup>

　　首次成为尚志市政协委员并当选政协常委那年我 31 岁，是我的第一部长篇小说 89 万字的《囚徒卧》出版的第二年。25 年来，有三件事儿深深刻在我的脑海。

## 第一件：一条信息，一座公园

　　近十几年来，每逢节假日或下班后，漫步蚂蜒河带状公园，一路鸟语花香，一路河水欢歌，那真是浑身舒坦。

　　蚂蜒河带状公园，是我当政协委员 25 年来的一个骄傲，2010 年，我撰写的《科学规划强力推进蚂蜒河带状公园建设》的信息，成为推动蚂蜒河带状公园建设的一个因素。

　　如今的蚂蜒河带状公园，从尚志城区的东南入城口尚志公园山

---

① 尚志市政协常委、市文联主席

刘延功

脚，一直蜿蜒至东河小镇西北入城口，贯穿了尚志市整个城区。

尚志市城区山水分明，蚂蜒河、乌珠河穿城而过，形成两河三岸自然风光。当时，因历史形成等多种因素，两河三岸自然风光却不那么恬美，杂草丛生，垃圾堆遍布河岸，一到盛夏，臭气熏天。

就是当年臭气熏天的两河三岸，却是人们清晨和傍晚休闲的去处，即使捂着口鼻，市民们也会顶着蚊虫叮咬看河水流淌，看鱼儿翻水花，看鸟儿在水草里觅食。

在河边，曾看见情侣反目："人家恋爱找公园，你领我到这臭地方干什么？你真把这里当公园了吗？"

也曾多次听到市民说："如果河边变成公园，咱尚志得老漂亮了！"

市民们需要风景优美的河岸公园。

因此，在我当选尚志市政协常委不久后，便以政协委员身份，写了一份建设乌珠河带状公园的信息并被市政府采纳。

但是，信息好写，落实起来却很难。因乌珠河贯穿老城区，各类建筑阻碍了乌珠河带状公园的建设步伐。

出于政协委员的责任与担当，乌珠河带状公园不建设，我的信息撰写就不停歇。如此坚持到 2010 年，随着尚志城区向东拓展，蚂蜒河也变成城中河。我抓住这一机会，结合蚂蜒河岸各类建筑较少的有利条件，在尚志市政协领导的支持下，及时撰写了《科学规划强力推进蚂蜒河带状公园建设》的信息，随即被尚志市政府采纳，第二年便开始施工建设。

《科学规划强力推进蚂蜒河带状公园建设》的信息，当年被评为优秀信息。

几乎与蚂蜒河带状公园开工建设的同时，乌珠河清淤、清垃圾、拆违同步启动，杂草变成花草，泥土路变成水泥路，臭气熏天的两岸也变得鸟语花香，主城区两河三岸，从此旖旎明媚，成为市民休闲的好去处；英雄城市，从此秀美如画，成为各地游客流连忘返的旅游胜地。

在乌珠河清淤、清垃圾、拆违过程中，我曾多次偷偷混在看热闹的群众堆儿里去观看进程。一次，听两位市民聊天，其中一人说："听管事儿的说，有政协委员连续向市里反映这里环境差，一个劲儿地建议政府给咱老百姓建公园，市里这才在蚂蜒河建公园，同时整顿乌珠河环境。这样的委员，咱喜欢……"

这几句话，一直温暖着我到今天。

这是我当政协委员 25 年来，获得的又一份特殊荣誉。

## 第二件：一份提案，九路公交车

回眸 25 载委员路，另一件事儿，是我撰写的提案《关于取缔招手停、港轿车设立公交车的建议》被采纳实施。

在尚志主城区设立公交车之前，市民对城市交通意见颇大。

当时，尚志市主城区大街小巷跑的运营车辆，大都是 1 元 1 位松花江微型面包车和三轮港轿车，市民管他们叫"招手停"和"三蹦子"。市民背后还送给这些运营车辆一个外号"街耗子"，抢客拉客到处乱窜，面包车没有站点，三轮车没有计价器，车与车、车与人碰撞剐蹭时有发生，三轮车撞掉了大灯、面包车撞瘪了后备厢仍在大街上跑，只要轱辘和发动机没撞掉，就不耽误他们拉客挣钱，影响了市容市貌不说，群众也对其深恶痛绝。几经调研后，我撰写了上面的提案。

这份提案立即得到市政府高度重视，一年后，1 路至 7 路公交车出现在主城区的街道上，漂亮的外形、整洁的车厢、亲民的价格，立即得到市民欢迎，说："尚志，有点大城市的模样了。"

三年后，随着松花江微型面包车和三轮港轿车运营年限逐步到期逐步淘汰，截至目前，尚志主城区公交车已发展到 9 条线路，实现全覆盖的同时，全部更换成电车，既环保又美观。

事后，和我有些交情的一位"招手停"司机很不友好地找到我质问："听说建议政府取消招手停、港轿车设立公交车的政协委员就是你？"

"是。"

"你知道你挨了多少骂吗？"

"知道。"

"知道了你还写？"

"我想，如果换了你当政协委员，你也会写！"

"那是你想！我想的是给了你多少奖金？"

"一分没有。"

"给你升官了？"

"一级没提。"

"那你图啥？你一点好处没有，却把我们的来钱道整没了！"

"有好处。一是公交车比你们的车安全；二是公交车有固定站点，城市交通秩序有了保障；三是公交车整洁宽敞，老百姓坐着舒服。如果你或你的亲人出行，你会选择招手停、三蹦子还是公交车？"

"你……你提得对，你这个政协委员合格……"

这段对话，让我多年未忘，连他的表情、语气变化都深深刻在心里。

其实，在撰写这份提案之前调研期间，我已经认识到，这份提案一旦形成并得到实施，一定会动了很多人的利益蛋糕，也一定会受到一定程度的指责。但是，作为一名政协委员，如果担不起这份责任、没有这份担当，岂不愧对政协委员这一称号？政治协商、民主监督、参政议政岂不是形同虚设？

25 年来，我粗略地估算了一下，所撰写的提案、信息近 50 件，大多数得到立案和采纳，多件荣获优秀提案、信息。

### 第三件：一部文史资料，一个土改文化名村

还有一件令我难忘的事情，是在我当选政协委员的第三年，2003

年的初秋，我们在尚志市政协原主席安武顺的带领下，去哈尔滨市政协对接编撰文史资料《从光腚屯到亿元村》的事情。

哈尔滨市政协和尚志市政协专门为元宝村编撰一部文史资料，我的内心极为激动。自从调入文联工作特别是当选尚志市政协常委以后，始终对尚志土改历史、土改文化情有独钟，总觉得作为一名委员、一名作家，应该为土改历史、土改文化的挖掘整理做些事情。因为，1946年，中国共产党领导的东北农村土地改革如同席卷黑土地的暴风骤雨，砸碎了几千年来的封建土地所有制，是从根本上改变了我国农村政治经济的一场波澜壮阔的运动，也是在我国农村掀起的一场改变农民命运的决战。而尚志市元宝村是当时全国土地改革的一个缩影，因《暴风骤雨》这部小说，被誉为中国土改文化第一村。1946年5月4日，中共中央发出《关于清算减租及土地问题的指示》，即"五四指示"，指出要坚决拥护广大群众直接实行土地改革的行动。同年7月，中共中央又批准了《东北局关于形势与任务的决议》，于是，由东北联军总政治部组织，东北局动员12000名干部组成土改工作队，奔赴到了东北大大小小的村屯，发动群众，开展土地改革。1946年秋，以萧洪达为队长、周立波为副队长的15名共产党员组成的工作队来到了尚志市元宝村，开展了轰轰烈烈的土地改革。针对元宝村的情况，工作队开始分散到群众家里做工作，帮村民们干活，给村民们讲道理，慢慢让他们懂得了只要团结起来就一定能推翻旧社会、解放自己。通过发动群众进行了减租减息、反奸清算、砍挖斗争，带领村民量土地、评等级、分青苗，把实实在在的利益带给群众。土地改革，是东北有史以来规模最大、最彻底的农民翻身解放运动。得到土地的广大农民摆脱了压迫和剥削，真正成了主人。经济上的翻身使他们诚心诚意地拥护中国共产党，积极投入保卫胜利果实，推翻国民党反动派的战争，为东北和全国的解放事业作出了巨大贡献。改革开放后，在张宝金书记的带领下，历经 20 多年的努力奋斗，将元宝村从改革开放初期负债 27 万元的"光腚屯"，发展成为"亿元村"。

在哈尔滨市政协小会议室里，我见到了哈尔滨市政协原副主席姚建亭和当时工作在哈尔滨市政协文史和学习委员会的李素荣、章同、原红十等同志。亲切的脸庞、亲切的话语、融洽的气氛，瞬间融化了一路的紧张和忐忑。

全国政协是一家，在那一刻得到了真实体验。

从那次座谈后，我们在姚建亭、安武顺两位领导的带领下，一次次深入元宝村，找寻各个历史时期亲历、亲闻、亲见者。

我们和张宝金书记在老村部食堂里，炖炒着萝卜、白菜、土豆、豆腐、胡萝卜，加上元宝村特色大煎饼，聊着元宝村的前世今生和未来；我们坐在当年为周立波打猎物的高景阳、为周立波站岗的刘文等亲历者的家的土炕上，聊着周立波和土改工作队鲜为人知的故事；和解福廷、李朋君等老村干部在村办企业车间里，聊张宝金带领村民创业辛酸的故事……我真的没想到，姚建亭、李素荣、章同、原红十等生活在都市里的领导同志，和村民、村干部在一起时，就是阔别已久的乡亲！

一年多的时间，我们终于完成了 26 万字的书稿编纂工作，其中，我采写的 14.1 万字被收入其中。

2004 年 12 月上旬，《从光腚屯到亿元村》印刷完成，年近七旬的张宝金书记双手捧书，眼里现出泪光，摩挲着书说："有了这本书，我们打造土改文化名村就有了底气，精神有了支柱，干事有了信心。"从此，元宝村依托元宝土改文化，谋划建设元宝村红色爱国主义教育基地，以革命、建设、改革的各个历史时期所留存的纪念地、标志物为载体，以其所承载的革命历史、先进事迹和红色精神为内涵，开展体验式教育和研究性学习相结合的爱国主义教育实践活动，打造新时期的红色研学线路，不断提升红色旅游的品牌影响力，实现元宝人的二次创业。

又是 20 年过去，历经 40 多年的不懈努力，元宝村集体总资产已达到 7.35 亿元，实现了经济发展和精神文明建设的巨大改变，继暴风骤雨纪念馆之后，建筑面积约 1008 平方米的元宝红色教育馆于今年建成对外开放，一部文史资料，成为支撑尚志市打造土改文化名村的文史基础，成为哈尔滨建设一座土改文化名村的文化引擎。

上面的三件事，始终让我铭记于心。同时，我们政协委员，又担负着各自岗位的责任使命，平时，就要双肩担起双责来。我自 2013 年主持尚志市文联工作以来，按照市政协岗位建功要求，和全市文艺工作者紧紧围绕市委中心工作，以文艺活动促社会发展，得到尚志市委、哈市文联及社会各界高度认可，为此，尚志市委调剂两个编制，精选两名优秀文艺干部到文联工作，彻底改变了尚志市文联 30 多年来无编制无人员的状况，加强了对所属协会管理的力量，使尚志市文艺界呈现出健康发展新局面。2023 年 7 月 3 日，在哈尔滨市文联召开的加强基层文联建设工作推进会暨推动基层文联高质量发展交流会上，我以题为《树立"有为方有位"观念　努力开创基层文联工作新局面》作了经验交流发言；2024 年 2 月 2 日上午，在中共哈尔滨市委宣传部、哈尔滨市文学艺术界联合会共同主办的 2024 年"文明实践拜大年"文明实践活动暨文艺助力基层精神文明建设行动启动仪式上，我又以《文艺助力基层暨 2024 年"文明实践拜大年"工作情况汇报》为题作了经验交流。25年来，我先后当选哈尔滨市首批签约驻地作家，黑龙江省第五次、第六次、第七次作代会代表，哈尔滨市第五次、第六次、第七次文代会代表、作代会代表；先后出版长篇小说《三打帽儿山》，中短篇小说集《孩裆山》，长篇报告文学《张宝金与亿元村》《韩光在珠河》《莓乡史话》，10余万字的报告文学作品被收入《雪乡创业人》，《孩裆山》《屯事儿》《英雄背后的伟大母亲》等多篇作品在《中国艺术报》《小说林》《哈尔滨十年群众创作获奖作品选》中发表；组织编撰《尚志地名考》三部70余万字、《尚志铁路历史发展回眸》43万字、《尚志文史资料》15、16、17辑共80余万字；编辑《尚志周刊》总936期2240余万字……岗位建功方面，也达到了政协要求，用实际行动擦亮了政协委员金灿灿的名片。

我当政协委员25年，占了人民政协成立75周年三分之一。25年来，我真的把政协委员这一政治荣誉和身份当作第二生命。2015年12月下旬，我因内外痔出血在哈尔滨就医时，直肠内查出花生米般大小息肉，采取激光开放式手术，创口最大的3.5厘米，因没有缝合，痛楚难以言表。第四天，接到尚志市政协召开全体大会通知，经过数次思想斗争，最终决定放弃请假硬挺着参会。那两天，每走一步都大汗淋漓，坐的姿势稍微不对就剧痛钻心，直到圆满完成各项议程和自己担负的提案审查等任务，会议一结束就赶去了医院……

我想，在全国广大的基层政协委员队伍中，我们绝大多数基层委员，始终扎根人民，忘我工作，用心用情履职尽责，特别是我们认真学习了习近平总书记重要文章《加强和改进人民政协工作　全面发展协商民主》之后，备受鼓舞，一定会严格按照习近平总书记重要讲话重要指示精神，圆满完成新时代赋予我们的历史使命。

# 政协为我提供了施展才华的舞台

廖怀志 [1]

我出生于 1949 年 7 月,与新中国同龄,我与新中国风雨同舟,祖国发展我成长,今年已 75 周岁。2002 年 4 月,我由县物价局副局长岗位退居二线,我热爱研究历史,与几位爱好相同的同志成立了依兰县历史文化研究会,我担任副会长职务。

由于我在研究依兰历史的过程中取得了一些成绩,从 2005 年开始,我以文史界别的身份被推荐为第十二届县政协委员,至今已经是连续四届的老政协委员了。政协为我充分发挥研究历史的专长提供了广阔的舞台,我以政协委员的身份,积极主动向县委、县政府建言献策,提出了许多有关挖掘依兰历史文化和旅游方面的工作建议,大部分被县委、县政府所采纳。通过建言献策,为发展我县文化旅游工作和政协文史工作的开展作出了突出贡献,从而也实现了自我价值。

---

[1] 依兰县政协委员,依兰县老区建设促进会副秘书长

廖怀志

## 一、对古城依兰的热爱是做好文史工作的动力

我出生在农民家庭，从小生活在农村。十几岁时到依兰县城走亲戚串门，心情特别兴奋。在大街上看到有那么多楼房，还有明亮的电灯，以及不用花钱就可以随便进去看的博物馆。博物馆的展览里说依兰是个历史悠久的古城，宋朝两个皇帝还到过依兰。从此，我就对依兰历史产生了兴趣，开始关注家乡的历史。我也为能生长在古城依兰而感到骄傲和自豪，我的家乡是历史名城，我热爱我的家乡。

2002 年的一天，主管旅游的杨晓春副县长打电话让我第二天上午参加一个开发建设徽、钦二帝坐井观天园景点的研讨会。第二天我早早来到会议室，等候参加会议。会议的内容是，县政府为了发展旅游，准备将北宋徽宗、钦宗两位皇帝被金国俘虏后，迁徙到依兰五国城的历史史实开发为旅游景点。就如何开发，县政府约请了史志、文化、旅游部门负责人和一些历史爱好者参加研讨。因为我和主管旅游的副县长过去都曾在县委工作，他知道我爱读书，还爱好依兰历史，所以也通知我参加了研讨会。由于事先知道会议内容，看了一些我收藏的二帝传记，做了较充分的准备，对二帝坐井观天的史实如何进行开发提出了一些思路，我的发言受到县领导和与会同志的肯定。

研讨会过后没几天，县旅游局刘远志局长约我到旅游局说："经研究，旅游局决定聘请你制订二帝观天园景点的设计方案，而且要尽快完成。"我听了以后，心里别提多高兴了。退二线正愁没事干，这下可好了，我终于有事情做了！真是"山重水复疑无路，柳暗花明又一村"。接受任务后，经县旅游局同意，我决定对宋代都市进行一次考察。为早日完成设计任务，我不顾冬季严寒，马不停蹄，踏上考察之途。2003 年元旦，绝大多数人都在家里过节，而我正在去往河南的火车上。经去北宋都城开封、岳飞家乡汤阴、北宋巩义皇陵、南宋都城杭州以及我省阿城金上京博物馆进行参观考察，更全面地了解了宋金两个政权的历史知识，为完成设计方案打下了基础。一个月后，我完成了《依兰徽、钦二帝坐井观天园设计方案》，方案在经东北三省著名宋金史专家认可后，县政府通过招商引资办法，按我的方案进行工程施工设计并很快开工建设。2004 年 5 月，依兰徽、钦二帝坐井观天园隆重开园，正式接待游人，使流传了几百年的北宋徽、钦皇帝被金国俘虏后，迁徙至五国城的史实及二帝坐井观天的传说再现出来，供游人游览观赏，也为依兰增加了一处重要的旅游景点。

从 2003 年参加二帝坐井观天园设计后，研究依兰历史成为我的主要爱好。 2005 年以来的近 20 年中，县政协为我提供了发挥文史特长的广阔平台。文史工作是县政协的重要工作内容之一，依兰是历史文化名城，还有许多亟需深入研究发掘的历史文化课题。按照文史工作"三亲"（亲历、亲闻、亲见）的要求，我开始写一些研究依兰历史的论文在学术刊物上发表，后来我开始选择专题进行研究。

我通过到省、市图书馆查找资料，又采访依兰一些老年人，撰写了专著《清代三姓寺庙史话》，由县政协作为文史资料印刷出版，这是我出版的第一本著作。为了给依兰历史爱好者提供工具书，我跑遍东北三省档案馆、图书馆以及新华书店，逛遍了网上旧书销售店，将《辽史》《金史》《宋史》《黑水丛书》《长白丛书》（民国前依兰隶属于吉林省）有关依兰的全部史料选编出来，同时又将依兰 5 种旧志一起编成《依兰古代历史文献选编》，由县政协印刷出版。

## 二、坚持"三投入"的精神是做好文史工作的保证

依兰悠久的历史文化为政协文史工作提供了广阔的研究空间，也为文史委员提供了丰富的研究领域和课题。多年来我坚持"三投入"的做法，使文史研究工作取得了好的成绩。

一是时间投入。从 2002 年开始，成立依兰县历史文化研究会至今已 22 年。在这 20 多年里，我是五加二、白加黑，整天在考虑依兰历史的事儿。由于总想研究历史的事儿，以至于夜间很长时间睡不着觉，经常靠服药才能入睡。

二是精力投入。我身体不是太好，因患糖尿病打胰岛素20多年，患有冠心病做了五个支架。尽管身体有病，但并没有耽误我研究依兰历史。2005年为建设依兰历史文化长廊，我和主管县领导去井冈山考察，结果在途中突发冠心病，后经抢救得到缓解，又在哈医大四院做了两个支架。截至2023年，我共编著了44本有关依兰历史的书籍，平均每年要出两本书，还在《北方文物》《东北民族丛刊》《黑龙江史志》等刊物上发表论文30余篇。我编辑写作书稿都是夜里进行，有时工作到后半夜，始终在带病坚持工作。

三是经济投入。研究依兰历史不能坐在屋子里研究，还需要到历史遗址现场进行实地考察。2006年夏季，我与宣传部的田守一副会长两人自费考察辽代五国城遗址。去汤原县桃温古城（辽代盆奴里城）、桦川县万里河通古城（辽代越里笃城）、绥滨县奥里米古城以及俄罗斯哈巴罗夫斯克城（辽代阿里城）去考察。

研究依兰历史需要购买许多书籍，有些书现在书店买不到，需要在网上旧书销售店购买。过去出版的书籍原本仅有几元钱，现在都要卖到几十元钱甚至几百元以上。为了研究历史的需要，再贵也要购买。从我爱好依兰历史研究开始，自己花了十几万元购买了三千多册图书。这些图书都是成系列的，如《二十四史》《中国通史》《东北史》《黑龙江省史》《辽金史》《渤海史》《清史》《东北抗联史》等。宋徽宗、宋钦宗曾在依兰坐井观天的传记包括港台出版的我全有。2024年6月，我将这3500多册书籍以县政协委员的名义无偿捐赠给了依兰县档案馆。

通过对依兰历史的深入研究，我把依兰历史提炼、归纳为三个历史文化品牌，即"五国城文化""满族文化""红色文化"。"五国城文化"

涵盖辽、金时期依兰历史；"满族文化"涵盖元、明、清时期依兰历史；"红色文化"涵盖近代抗俄、抗日战争、解放战争时期依兰历史。我建议县委、县政府在举办漂流节中融入文化内涵，被县委、县政府采纳。

此外，我还将依兰历史分作一系列专题进行研究整理。依兰人杰地灵、名人荟萃，我选编了《依兰历史名人》《依兰巾帼人物》；依兰清代碑刻多，我编辑了《依兰古代碑刻考录》《清代三姓寺庙史话》。

为支持新农村建设，我为道台桥镇永丰村和周玉堂村、依兰镇马大村、宏克力镇杨家村设计完成了村史展览馆，还为革命老区愚公乡、迎兰乡设计了革命史图片展。

## 三、领导的全力支持是做好文史工作的关键

依兰历史文化资源是最丰富的，堪称龙江之最。而在这丰富的历史文化资源中，我认为依兰的红色文化资源是我省仅有最丰富的几个县之一，而且依兰的红色文化含金量是最高的。

习近平总书记指出，坚定中国特色社会主义道路自信、理论自信、制度自信，说到底是要坚定文化自信。红色文化是我们党在革命、建设和改革中形成的宝贵的精神财富。习近平同志强调，要把红色资源利用好、把红色传统发扬好、把红色基因传承好。

我向县委、县政府建言献策过程中，开始把挖掘开发利用红色文化作为切入点，提高建言献策内容的分量。通过我的建议，把弘扬红色文化与激发群众爱党爱国热情结合起来。在建言献策的过程中，我深刻体会到一个人再有才华和能力，得不到领导的有力支持，再有价

值的建言也是无法实现的。

2008年，我以县政协委员的名义向县政府建议修建依兰历史文化长廊，得到县领导的大力支持。这个造价千万的历史文化长廊经过两年建设竣工，现在已成为依兰一处重要的历史景点。

李杜将军是东北军24旅旅长兼任依兰县镇守使，他是抗日名将，也是依兰抗战史上的重要人物。2011年7月，我向政协主席刘凤仁提出想编辑《李杜将军画传》的想法，提出想要去全国政协、上海、南京、重庆档案馆收集资料。刘主席对我的想法非常支持，并且为我解决了差旅费。我去了几个城市的档案馆后获得了丰富的资料，很快将《李杜将军画传》编辑完成，由县政协印刷出版。

2015年是纪念中国人民抗日战争暨世界反法西斯战争胜利70周

老抗联战士李敏向廖怀志赠送图书

年，我以县政协委员的名义建议设立 1937 年 3 月东北抗日联军攻打依兰县城纪念碑，被县政府采纳并用党费建成。为纪念抗战胜利 70 周年我编辑了《依兰县抗日斗争史画册》，由县政协印刷出版。

2017 年 5 月，我以政协委员的名义向县政府建议，将征收过来的清代及民国建筑改建为"李杜将军纪念馆"。县政府非常重视，第二天县长就批复给主管文化和旅游的李副县长。很快县文体局长就找到我，让我拿出设计方案。在县政府的重视和支持下，纪念馆在不到一年的时间就正式对外展出。李杜将军纪念馆的建成是我县挖掘红色文化资源的成果，也是保护古建筑并有效开发利用的成果。纪念馆展出后，每天参观者络绎不绝。

2019 年是中华人民共和国成立 70 周年，我编辑了《依兰县解放战争史画册》，由县政协印刷出版。

我退休以后，在县政协的领导下，成了依兰历史研究专家，也成了历史文化名人。县委、县政府凡是涉及历史的议题都会让我参加研究讨论，并尊重我提出的意见。我每年都被县政协评为先进政协委员，我的一些提案也被评为优秀提案。我现任中国民族史学会辽金暨契丹女真史分会会员、黑龙江省抗日战争史研究会常务理事、哈尔滨市社会科学院特邀研究员、佳木斯大学旅游学院客座教授、依兰县历史文化研究会副会长。由于我研究依兰历史取得了一些成果，县委、县政府也给予我很多荣誉。2009 年、2017 年两次评选我为"感动依兰人物"；2011 年我们廖家被评选为哈尔滨市"学习型家庭"；2022 年我被我省委组织部评为全省"十佳党课主讲人"；2023 年我还被评为依兰县劳动模范。

# 爱心相拥铸辉煌

任中国 ①

我作为政协委员，致力脱贫攻坚，热心公益慈善。过去几年，我成立了6个沙棘种植专业合作社，面积达15000亩，带动了农户及脱贫群众280户，发放了补助资金1358万元。通过联合开展村屯庭院经济等社会帮扶形式，收购农副产品，带动脱贫农户人均增收2000元以上；通过优先聘用困难群体进厂就业，累计为100

任中国

① 哈尔滨市政协委员，延寿县政协常委，延寿县鼎鑫生物工程有限公司董事长

余人解决社会就业问题。先后三次通过延寿县红十字会，累计为弱势群体捐赠价值47万元的沙棘健康养生食品，惠及脱贫家庭900余户。走访慰问延寿县中小学校和幼儿园，对校内各类体育器材给予捐赠帮扶，为残疾儿童捐款捐物。累计为29名困难中小学生捐赠助学金18万元，为12户困难家庭解决泥草房改造资金缺口4万元。为1名被家暴的学生和1名特级困难学生给予一对一精准帮扶，为稳定地方经济社会发展，助力延寿县脱贫攻坚和乡村振兴作出了突出贡献。

上述这些数据，是我作为一名哈尔滨市政协委员履职经历中的平凡小事。我是任中国，现任延寿县鼎鑫生物工程有限公司董事长。在延寿县经济开发区，有我成就自我、奉献社会的人生历程。

## 鼎鑫"中国"：一个营销店员政协委员的孜孜梦想

1981年7月，我出生于黑龙江省哈尔滨市延寿县延河镇柳河村的一个普通农民家庭。

1999年12月高中毕业后，我带着儿时的心愿，在瑞雪飘飞的季节毅然参军，走进了嘉荫县的某边防部队，开启了人生的军旅梦。两年的军旅生涯，磨炼了我的坚强意志。

2001年12月，光荣退伍的我，怀揣着创业梦想，只身来到首都北京一家米业公司，从一个营销店员做起，开启了人生的创业之旅。

2004年起，通过5年的打拼，有了一些市场经验的我，凭借一名军人敢闯敢冲的韧劲，转战湖南长沙、江苏、山西五台等地的多家药企，从企业医药代表到部门经理，从公司副总经理再到集团副总裁，一步步脚踏实地地实践着人生的创业梦。

2009 年 10 月，面对年薪超亿元的优越工作条件，我却带着久违的故乡情结，毅然回到家乡延寿创建了自己的企业——鼎鑫生物工程有限公司，从此开启了人生的鼎鑫"中国梦"。

2010 年 4 月，总投资 8000 万元的延寿县鼎鑫生物工程有限公司正式成立，可生产片剂、颗粒剂、软胶囊、硬胶囊、口服液及沙棘小容量油等 6 大种类 20 余款产品，年产沙棘系列产品 200 多吨。作为退伍军人，我在企业员工招聘时提出的第一项条件就是：除专业技术人才外，退伍军人优先录用。在企业员工中，退伍军人占比达 15%，困难群众占比达 30%。

多年来，我以"开发沙棘，造福人类"为宗旨，以"传播中华五千年养生文化，传播健康理念，做绿色健康使者，把健康送到千家万户"为使命，以"利用民族资源，创建民族产业，弘扬民族科技，打造民族品牌"为己任，依托国内资源优势，打造"仁鼎鑫"民族品牌。以"崇尚科学，尊重人才"为发展理念，积极构建利国、利民、利人、利己的创新民族企业结构。同时，我一直以"你不努力，没人给你想要的生活"为行为准则，坚持以高标准、高质量来要求自己和员工做实事、做善事，这也成了鼎鑫公司迅速崛起的重要先决条件。

## 感恩"中国"：一位公司老总的拳拳爱心

我只是做了一些该做的事，党和国家却给了企业和我许多荣誉。企业被评为"国家高新技术企业"。我个人当选为黑龙江省工商联执委、哈尔滨市政协委员、延寿县政协常委、新联会副主席。荣获人道博爱奉献奖，先后获得"十大杰出"青年志愿者、"十佳诚信"经理人、哈尔滨市第三十七届劳动模范、延寿县新一代创业人、社会帮扶工作先进个人等荣誉称号。

历经种种磨难，完成了从退伍军人到企业家的蜕变后，我深刻地感受到，"爱"才是人一生中最强大的动力和最宝贵的财富。为此，我时刻秉承仁慈博爱的奉献精神，践行社会主义核心价值观，积极倡导弘扬"家"文化，立足"六和敬"企业文化核心，用自己的实际行动回报社会。

时任延寿经济开发区招商局局长林玉新这样评价我说："重情重义的任中国董事长，对员工如同亲人一般，只要是公司的员工，不论职位高低、工作年限长短、贡献大小多少，不管谁家里有事儿，他一定都当自己家的事儿办，派人派车、出钱出力……他尊重每个员工，也爱护每个员工，同时他的爱心也感染着公司里的每一个人，带动大家积极向善。"其实我只是做了些小事，不值一提。谈到反哺社会，我给出了自己的定义：献爱心、做实事。多年来，作为政协委员，在慰问贫困群众、资助贫困学生等方面，我累计捐款捐物达200余万元，时刻不忘践行一个民营企业家、一名政协委员回报社会的真挚情怀和拳拳爱民之心。

2016年3月，我带领所联系的群众深入延寿县安山乡富兴村进行走访调研农村泥草房改造情况，现场为该村12户建档立卡贫困户捐助4万元，解决了他们改建危房资金缺口难题。住上崭新温暖的彩钢房的孙宝玉老人，每次见到我，就会拉着我的手久久不放，难掩喜悦之情，内心无比激动："多亏了这个好孩子啊，让我住上了新房，现在有家了！"

2016年12月，我充分发挥委员担当意识，主动与延寿县加信镇人民政府对接，签订志愿帮扶意向协议。坚持每年出资 18 万元，为加信镇中小学 29 名特困学生进行无偿资助，用于学生们的伙食费及交通费，直至学业期满。"我一定好好学习，永远都不会忘记社会上这些好心人对我的帮助。等我长大后，找个工作来报答他们。"就读于加信镇中心小学的 10 岁女生轩轩，用童真的话语感动着在场的每一个人。

每逢八一建军节，我无论多么繁忙，都会放下手中的工作，亲自组织界别群众到驻地部队看望子弟兵，为他们送去慰问品。因为哪里最苦、最累、最危险，哪里就有子弟兵。没有他们，就没有我们安稳的创业环境。同时，我把老复员退伍军人、老伤残军人、老军烈属当作自己的亲人一样去关心帮助。

对于弱势群体，我舍得付出，但对自己却吝啬。我的生活很朴素节俭。有人说我不懂生活，挣了钱不会享受。而我却认为，需要帮助的人太多，与其把钱挥霍掉，不如节省下来多做点实事、善事。

多年来，无论是脱贫攻坚、乡村振兴，还是在洪涝灾害面前，我都会义不容辞地担起社会责任，贡献自己的力量。

## 小康"中国"：一名退伍军人政协委员的铮铮誓言

初秋时节，延寿县深秋红种植专业合作社的沙棘种植基地，在淡淡雾岚的装点下，美成了一幅幅水彩画……

"这得益于鼎鑫公司，让这些'不起眼'的沙棘有了用武之地，还变成了治理丘陵地带的优良树种，更成为农民的致富产业，而且是健康人类的绿色产业。"合作社负责人刘少华介绍说，去年他同社员们一起种植了 5000 亩沙棘果树，带动 3 户困难家庭参与种植。经预算，见效后每亩纯利润可达 6000 元左右，并按利润 20% 的比例用于农户分红。

沙棘是一种落叶性灌木，其特性是耐旱、抗风沙，在地球上生存超过两亿年，沙棘果是纯野生的酸打垒醋榴果，素有"VC之王""水果之王""营养之王"的美称，被誉为野生资源中的"金豆子"。沙棘产业作为一项新型的、具有战略意义的绿城富民的基础产业，是集聚一、二、三产业融合发展的产业体系，在一产得到发展的同时，加工包装业、物流业、服务业、旅游业等都得到长足发展，促进了"接二连三"的产业融合。

以沙棘为资源选择，坚持以健康产业为主的发展思路，积极推动供给侧结构性改革，推动绿色文化、冰雪文化，挖掘利用沙棘的独特

任中国介绍沙棘产品研发和生产工艺

属性，建设可持续发展的产业模式，着力打造中国一流、世界一流的绿色健康民族产业，共筑家国天下的"中国梦"。

同时，我作为政协委员，致力于将本职工作与服务群众相结合，将企业发展与社会服务相结合，将企业助力脱贫攻坚和产业发展有机融合，采取"公司＋基地＋贫困户"的模式，为有志于沙棘事业并有致富理想的农户搭建了稳固而良好的发展平台，积极做好沙棘种植扶持引导工作，在全县范围内对种植贫困户进行扶持，一亩地给予种植户补贴750元苗木款、补助种植培训费120元、补助土地流转费100元。

如今，沙棘种植已经成为延寿县一项特色产业，不断提升着广大农民群众奔小康的信心，吸引着人们踏上了沙棘种植这条致富"快车道"。目前，我在延寿各个乡镇村屯发展成立了6家种植专业合作社，带动农户及脱贫群众280户种植沙棘面积达15000亩，发放补助资金1358万元，预计可实现年增收近亿元。

"点点滴滴凝聚力量，千万梦想在这里插上翅膀……鼎鑫中国，和谐的海洋，爱心相拥奔向辉煌！"著名词曲作家张国君谱写的一首《鼎鑫之歌》，饱含着复员军人创业励志、守土为民的人民子弟兵的家国情怀，也体现出了政协委员的使命与担当。

# 星辰赶路　时光不负

## ——我在政协的大家庭里锻炼成长

王　杉[①]

　　2016 年底，经过组织考核和推荐，我加入了梦寐以求的政协组织，成为一名光荣的政协委员。在两年前的换届选举中，我又满票光荣地当选县政协常委，这成为我人生中的高光时刻！而今，8 个年头即将过去，回首来时路，心中无限感慨，有迷茫，有汗水，有奋斗的脚步，更有满满的收获。

　　这 8 年，感谢政协领导和老政协委员的传帮带，从不知如何写出高质量的政协提案，座谈会上不敢发言，甚至不知如何搞调查研究，到如今，所提交的每个政协提案都经过深思熟虑、缜密调研、反复核实。从《应加强电动车的管理》《应大力发展旅游经济，让旅游成为通河经济发展新引擎》到《共享单车管理应引起高度重视》，再到《强化校园周边监督措施确保食品安全》，尽己所长参政议政，为县域经济的发展贡献绵薄之力。

---

① 　通河县政协委员，桃园书店经理

王杉

　　这8年，我积极参与政协组织的每一场活动，既有数公里的长途漫步，也有深入小区的第一手调研。我曾经跟随市政协去过红旗渠，学习林州人民改天换地、旧貌换新颜的豪情壮志；建党百年来临之际，上海、嘉兴、陕北、延安也留下了我和其他委员学习的足迹。通过调研，我深知哪有什么岁月静好，今天的美好生活都是前辈们负重前行奋斗的结果，我只有在政协的舞台才有这么好的学习机会，政协给了我施展才华的空间，政协教我成长、促我励志。

　　这8年，我也积极参与除政协以外其他政府组织的各种社会活动，发挥政协委员的表率作用，履行政协委员的社会担当。受组织委派，建党百年前夕，我到哈工大封闭学习三天，学习中国共产党党史和破解民营企业发展之瓶颈，学成之后积极配合有关领导，组织非公有制经济人士学习座谈交流，取得了较好的社会效果。

这8年，在政协组织的感召下，我努力践行自己作为政协委员的职责，积极参与各种公益事业。我为县第一小学捐赠了价值2000元的图书，联系出版社为县朝鲜族中学捐赠了价值4万元的图书，邀请北大衡水中学高考状元刘嘉森来通河县第一中学、第三中学、第四中学进行励志演讲《相信榜样的力量》，深受师生们的喜爱；响应哈尔滨市委宣传部、通河县委宣传部的号召，举办数十场经典诵读演讲大赛，单位的参与数量和影响力在本省首屈一指，每场比赛都制作成视频向社会公众发布，好评如潮，我个人为此项活动承担2万余元的费用，由于表现优异，获得了哈尔滨市委宣传部等8家单位联合颁发的"哈尔滨市全民阅读示范基地"的殊荣，也为通河县争得了荣誉。在通河县举办的总结表彰大会上，县政协主席带领政协机关全体干部参加，给了作为政协委员的我极大的激励，荣誉感倍增；每年春节前夕我都要举办县书法家协会书写春联免费送市民活动，美术学校师生现场作画，有关单位现场同时演出，三个活动同时进行，近千平方米的活动现场热闹非凡、喜气洋洋，极大地丰富了市民的春节文化生活，彰显了政协委员的社会担当和责任，所产生的全部费用均由本人承担，以上活动均得到了县政协领导的大力支持，县政协主席出席活动，省、市、县电视台均多次作过报道，能为市民带来快乐，丰富市民的春节文化生活，作为政协委员，也感受着自己的快乐；2022年，为我县第六小学捐赠了价值2000余元的图书；2023年秋季，响应县委统战部号召，为贫困学生捐赠2000元现金；2024年春，再次为县第六小学捐赠图书。这些年我始终如一地积极参与社会公益活动，践行着作为一名政协委员应履行的价值观。

王杉为通河县第六小学捐赠图书

　　这8年，作为政协委员，我也在舆论阵地上为通河县域经济的发展发声，讲述通河故事，传递通河好声音。我先后创办了微信公众平台"桃园之声"和"通河之声"（现更名为"通河乡音"），宣传经典诵读，宣传大美通河，弘扬正能量，先后发表了200余篇原创视频和文章，内容有经典诵读、中小学校举办的活动、状元演讲、庆祝新中国成立70周年、庆祝建党100周年等公益活动，点击量常常过万，取得了较好的社会效果，再次彰显了作为政协委员的担当。

　　这8年，作为政协委员，我想通河之所想，急通河之所急，为宣传通河尽力而为。我利用1年多的时间，深入学习歌词创作，由我本人作词，请全国知名作曲家谱曲，请全国知名歌唱家演唱的歌曲《美丽通河我的家》一经发布便走红了通河的大街小巷，江边广场电子屏每天都滚动播放，点击量、观看量数十万，成为通河当地网红歌曲，极大地提高了通河的知名度和美誉度，为建设家乡、宣传大美通河，贡献了自己的力量。

这8年，作为政协委员，每年高考结束，我都积极宣传高考优秀生，激励在校高中生奋发图强为家乡争光，为中国梦的伟大复兴贡献自己的力量。每次我都邀请优秀毕业生写文章、做视频进行宣讲，让他们的励志感人故事感染更多的人。在建党百年来临之际，县关工委举办了全县中小学校建党百年征文活动，我响应县关工委的号召，提供了数千元的奖品。我还积极倡议配合县委统战部、县工商联发起奖励高考优秀生的活动，在其中做了大量工作，发挥了一名政协委员该发挥的作用。

这8年，作为政协委员，我所有的努力也得到了回报和组织上的认可，我个人与名下企业先后荣获哈尔滨市关工委爱心企业标兵、哈尔滨市全民阅读示范基地、黑龙江省光彩事业标兵、哈尔滨市营商环境监督员、通河县人民政府"金秋助学爱心企业"，连年获得县政协先进委员、通河县非公经济人士"理想信念教育基地"、通河县新联会素质教育基地、通河县老促会老区教育基地、通河县妇联家庭亲子阅读基地、通河县关工委关心下一代儿童之家、商务印书馆价值阅读示范基地、通河县人社局行风监督员、通河县营商环境特邀监督员、王杉政协委员联系点等荣誉称号。这些荣誉的取得，离不开政协领导的关心、支持、鼓励和帮助，离不开其他政协委员们的激励、帮衬和影响。当然，其中也有自己持续不断的努力、学习和付出。我由衷地感谢政协组织，是政协的大家庭让我倍感温暖，催我奋进，也让我化茧成蝶，不断进步，我相信所有的努力终将美好。

这 8 年，岁月流逝、容颜渐老，但我对政协组织的热爱愈加浓厚，此生能成为其大家庭中的一员倍感荣幸，也深感责任重大。在以后的日子里，我会时刻提醒自己：我是政协委员！我要努力过好每一天，绝不让时光虚度，让政协委员的光彩照耀心间，努力书写自己的精彩人生！

星辰不老，时光不负，我们也是追梦人……

# 激情岁月　筑梦辉煌

## ——一位基层政协主席的炽热征程

张　威[①]

　　自 2021 年底，我由县委政法委书记的职务转任为县政协主席及党组书记，并荣幸地成为市政协委员的一员。这一身份的转变，让我站在了一个全新的视角，去审视和参与政协工作，心中既感激动也存敬畏。作为市政协委员，我深知自己肩负的责任与使命，这不仅是对个人政治素养的考验，更是对如何有效履行政治协商、民主监督、参政议政职能的深刻探索。政协是一本厚厚的书，每一名委员都是其中生动的一页。作为其中的一员，我觉得这一页既丰富又生动。回想作为市政协委员的这几年，我有过担心，也有过顾虑，而走过来了却有着满心的欢喜和沉甸甸的收获。

---

① 　哈尔滨市政协委员，方正县政协党组书记、主席

张威

## 一、政协舞台，激昂旋律启新篇

记得初入政协，每一次参加市政协组织的各类会议、调研、视察等活动，都像是打开了一扇新世界的大门。我仿佛置身于一场宏大的交响乐中，每一个音符都跃动着时代的强音。从理论学习的高亢乐章到实地调研的深沉旋律，我逐渐融入这激昂的旋律之中，深刻理解政协作为"国之重器"的独特价值与使命。特别是参与诸如"创新发展冰雪运动产业，驱动冰雪经济高质量发展，共筑哈尔滨'冰雪文化之都'梦""壮大乡村经济，赋能乡村振兴新篇章"以及"推进循环经济发展，提升资源利用效率"等专题协商会议，不仅极大地拓宽了我的视野与思维边界，更激发了我对社会发展的深刻思考。市委、市政府领导对专题协商成果的高度认可，进一步让我深刻体会到了人民政协作为协商民主重要渠道和专门协商机构的独特作用。通过不断的培训学习，让我从学习党的理论政策到深入基层调研，从参与提案撰写到反映社情民意，每一次的参与都让我受益匪浅。我学会了如何在纷繁复杂的社会问题中寻找切入点，如何用政协委员的视角去分析问题、提出对策，更体会到了作为政协委员的责任与担当。在这里，我学会了以智慧为笔、以激情为墨，书写提案的铿锵有力；以责任为肩、以担当为魂，践行民主监督的庄严承诺。

## 二、深耕基层，建言献策燃激情

作为市政协委员和县政协的主席，我深知基层是政协工作的沃土，也是实现梦想的舞台。在日常工作中，我注重将自己在基层的所见所闻、所思所感转化为提案和建议，力求为党委、政府决策提供有价值的参考。记得有一次，在走访企业时了解到，我市风能资源丰富，开发潜力巨大，但我市在开发风电过程中，从规划、风场用地和工作实践方面，还存在一些具体问题。随即我通过深入调研，撰写了《关于合理开发和利用我市风电资源的建议》，深入分析了目前全市风电场建设存在的问题。风电场规划的点位不够科学，没有做科学、统一的规划；风电市场投资开发秩序不够规范；风力发电开发建设能力相对滞后等。针对这些问题，提出了关于合理开发和利用我市风电资源的建议：科学编制风电发展规划；维持风电开发良好秩序；加强风电开发配套投入；加快风电技术人才培养；推进利用风电资源解决高能耗产业用电问题，形成风电生产新兴产业链。

还有一次，在走访县政协委员时，我了解到无人机等高科技手段在农业中广泛应用，但农田及周边一些电力和通信设施，不同程度存在着影响农业机械作业和无人机等智能工具使用的问题。于是，我进行了深入调研，通过走访农户、实地考察、座谈交流等方式，收集了大量第一手资料，发现存在的主要问题是：农田和周边电力、通信线路铺设不合理；农田线杆上的线缆距地面低；存在着更新不及时和批复延后等现象。针对这些问题，我提出了清理和规范的几点建议：一是整体评估，规划迁移；二是合理布局，规范处置；三是排查清理，

张威对乡村振兴，农村产业发展情况进行调研

及时解决；四是提档升级，维护管理；并在此基础上形成了《关于清理和规范农田及周边电力、通信等设施的建议》的提案，上报市政协。

这些提案得到了市政协的高度重视和认可，并转化为了一系列切实可行的政策措施，有效地促进了经济的发展。同时也给了我动力，坚持以人民为中心的发展思想，深入基层、深入群众，了解他们的所思所盼。深入田间地头，倾听农民兄弟的呼声；走进工厂车间，感受工人师傅的汗水。每一次调研，都是一次心灵的洗礼；每一份提案，都凝聚着我对这片土地的深情厚谊。

### 三、创新实践，砥砺前行谱新章

在基层政协工作中，我始终注重创新实践，不断探索符合本地实际的工作方法和路径。我们建立了政协委员联系界别群众制度，通过定期走访、召开座谈会等方式，加强与界别群众的联系和沟通，及时了解他们的需求和诉求。同时，我们还充分利用现代信息技术手段，拓宽了政协委员履职的渠道和方式，建立了线上、线下相结合的互动平台，在"方正政协"公众号上设立社情民意办理窗口，把此窗口作为方正县政协社情民意办理平台，与12345热线平台建立端口通道，组织政协委员将在生活中和工作中发现和群众反映的清雪车清雪时需设置标识、街道下水道盖损坏等应急问题，第一时间通过社情民意窗口反映上来，由县政协社情民意工作专班收集、整理政协委员反映的各种呼声愿望和问题诉求线索，及时将收集上来的问题和建议推送到12345热线平台，归口转交到有关部门办理、落实和反馈。自平台开通以来共办理委员提出意见问题24件，均得到解决。有效提高了县政协委员在生活和工作中临时发现应急问题的办理时效；提高了有关部门办理和落实社情民意问题的质量；提高了12345热线平台服务水平；提高了委员和群众对民生应急问题办理的满意度。同时，我们还积极组织政协委员参与社会公益事业和志愿服务活动，以实际行动践行社会责任和担当。通过这些活动，不仅增强了政协委员的社会责任感和使命感，也提升了政协组织的凝聚力和影响力。这些创新实践如同春风化雨般滋润着基层政协的沃土，让政协事业焕发出勃勃生机和无限活力。

站在新的历史起点上，回望过往的辉煌与挑战，展望未来的无限可能，我内心的信念越发坚定：在中国共产党的坚强领导下，人民政协事业定将乘风破浪，迎来更加辉煌的明天。作为市政协委员及基层政协工作者，这个身份不仅是一份荣誉，更是一份沉甸甸的责任。我为自己能够成为这股磅礴力量中的一员，如同一粒水珠，虽小却坚定地融入政协这条波澜壮阔的河流之中，感到无比自豪与骄傲。在这条河流里，每一滴水珠都承载着对国家的深情、对人民的厚爱，以及对政协事业的无限忠诚。我们汇聚成流，不仅丰富了政协的内涵，也推动了政协事业的滚滚向前。我深知，个人的力量虽小，但当无数颗心紧密相连、无数份力量汇聚一处时，便能形成改变时代的洪流，最终汇入中华民族的伟大复兴的壮阔海洋。因此，我将继续秉承初心使命，以更加饱满的热情、更加昂扬的斗志，投身到政协事业的每一个细节之中。无论是深入基层调研，倾听群众声音；还是积极建言献策，促进民生改善；抑或是加强学习交流，提升履职能力，我都将全力以赴，用实际行动践行政协委员的职责与担当。我将在这片广阔的舞台上，与政协同仁用智慧和汗水绘制出一幅幅生动绚丽的发展画卷，共同创造属于中华民族的更加美好的明天。就像那粒水珠，在政协这条河流中不断前行，最终汇入大海，成为推动时代进步、民族复兴的磅礴力量。